コルシカ語基本文法

渡 邊 淳 也

早美出版社

Grammatica elementaria di u corsu
da
Jun-ya Watanabe
Edizioni Sobi-Shuppansha
2017

銅版画・表紙カバー制作：小柳優衣
stampa calcugrafica è cupertura : Yui Koyanagi
銅版画：« U portu di Aiacciu »

は　し　が　き

　管見のおよぶかぎり、本書は日本ではじめて公刊されるコルシカ語文法である。コルシカ語は、「美の島」(isula di a bellezza) ともよばれる、フランス領のコルシカ島内において、ならびに島外にうつり住んだコルシカ島出身者によって話されている言語である。ピサの支配をうけた時代があったため、トスカーナ地方のイタリア語に類似しているところが多いものの、イタリア語より古色をとどめる言語であるとされる。ニッコロ・トンマセオはコルシカ語を「もっとも純粋で、もっとも乱れの少ないイタリア語の方言」(dialetto italiano più schietto e meno corrotto) とたたえた。しかし、島内での地域差も大きく、コルシカ島南部で話されている方言は、強勢のない [ɛ] 音を回避する傾向などにおいてイタリア半島南部の諸方言と類似している。また、コルシカ島の東隣のカプライア島の方言、さらに、解釈によっては、サルディーニャ島北部ガッルーラの方言もコルシカ語の変種とされる。話者人口は、厳密な調査が存在しないため推計によらざるをえないが、島民約 30 万人のうち約 10 万人、島外在住の話者もあわせると約 15 万人とも推定される。

　コルシカ島がフランスに統合されたことは、コルシカ語そのものの存続のためには、けっして好ましいことではなかった。フランス憲法第 1 条にしるされている、「単一不可分の共和国」という思想はまことに鞏固で、フランスの言語政策は長年、フランス語のみの使用を求めるものであった。欧州統合によってようやく、地域語が価値づけられるようになったものの、フランスはその趨勢に逆行するかのように 1992 年に憲法を改正し、あらたにフランス語を唯一の公用語であると規定している始末である (もっとも、それ以前は当然すぎて規定されていなかっただけともいえるが)。

　2013 年、コルシカ議会で、島内ではコルシカ語をフランス語とならぶ公用語として位置づける「併用公用語制」(cuufficialità) が定められたが、これが上記の憲法の規定に反するのではないかとの疑義が出されているため、その帰趨は予断をゆるさない。しかし、コルシカでは、学校教育、新聞、雑誌、放送、イ

- 1 -

ンターネット、文芸、音楽活動、地域催事など、さまざまな面でコルシカ語の振興がはかられており、その存在感は大きい。フランス全体としても、2018年度からはコルシカ語の高等教育資格 (aggregazione) が創設される運びである。ところが、それにもかかわらず、コルシカ語は UNESCO によって「危機に瀕する言語」に指定されつづけている。なぜかというと、親から子へ直感的に受けつぐ、「母語」としての伝承が稀薄とみなされているからである。UNESCO もいうように、ある言語が絶滅するなら、それにともなう文化的損失は甚大であり、人類にとっての遺産をひとつ失うにひとしい。

　もちろん、母語としての伝承は母語話者にまかせるしかないが、コルシカやコルシカ語に興味のあるひとがコルシカ語をまなぶこともまた、意義深いものがある。コルシカ語を知っておくことは、われわれがコルシカを知るうえで重要な鍵になることは当然であるが、学習者の存在もまた、コルシカ語の存続に力をあたえうると確信するものである。

　本書の草稿に貴重な助言をくださった菅田茂昭先生、鈴木信吾先生、質問におこたえくださり、入手困難な資料をご恵贈くださったジョゼフ・ダルベラ先生（コルシカ大学）に深甚の謝意を申しそえたい。また、本書は科学研究費助成基金 (JSPS Kakenhi) 基盤研究 (C) 25370422、(C) 15K02482、(C) 17K02804 の助成を受けて遂行された研究の成果の一部である。

2017 年盛夏

渡邊 淳也

凡 例

　本書は基本的にコルティ、バスティーア、カルビなどの北部方言に準拠し、南部方言、極南部方言（ときに北東部方言）でことなる部分については随所で補った。全般的な方言差については XXI 章を参照されたい。

　本文中で用いた略号はつぎのとおりである（ただし、語彙集で用いる略号は語彙集のはじめに示している）。

　南：南部方言　　極：極南部方言　　男：男性名詞　　女：女性名詞
　科：コルシカ語　　伊：イタリア語　　仏：フランス語

もくじ

まえがき	1
もくじ	3
I. 文字と発音	4
II. 名詞と冠詞	11
III. 形容詞	15
IV. 指示詞	16
V. 所有詞	18
VI. 数詞	20
VII. 人称代名詞	23
VIII. 中性代名詞	26
IX. 関係代名詞	28
X. 疑問詞	30
XI. 感嘆詞	32
XII. 副詞	33
XIII. 否定	34
XIV. 比較級と最上級	36
XV. 前置詞	39
XVI. 接続詞	44
XVII. 時制	47
XVIII. 叙法	60
XIX. 態	74
XX. 非人称動詞	77
XXI. 島内方言差	79
XXII. 単語集	83
XXIII. 動詞活用表	93
XXIV. 文献案内	113

- 3 -

I. 文字と発音

§1. コルシカ語のアルファベット (alfabetu / santacroce)

文字	名称	G, g	[dʒɛ]	P, p	[pɛ]
A, a	[a]	GHJ, ghj	[ɟɛ]	Q, q	[ku]
B, b	[bi]	H, h	['akka]	R, r	['ɛrrɛ]
C, c	[tʃi]	I, i	[i]	S, s	['ɛssɛ]
CHJ, chj	[ci]	L, l	['ɛllɛ]	T, t	[ti]
D, d	[dɛ]	M, m	['ɛmmɛ]	U, u	[u]
E, e	[ɛ]	N, n	['ɛnnɛ]	V, v	[bɛ] ([vɛ])
F, f	['ɛffɛ]	O, o	[o]	Z, z	[dz'ɛ:ta]

chj、ghj は字母表や辞書では 1 文字に扱われ、イントリッチアーデ intricciate といわれるコルシカ語独特のつづり字である。j は (外来語をのぞいて) イントリッチアーデのなかでだけ使う。v は南部では [vɛ] とよむ。

表中の字母のほか、外来語には **J, j** [il'ɔ̃ngu]、**K, k** [k'appa]、**W, w** [bɛd'ɔppju] ([vɛd'ɔppju])、**X, x** ['i:kɛsi]、**Y, y** [igr'ɛ:gu] も用いられる。

§2. 強勢 (incalcu)

コルシカ語では、単語ごとに強く発音する音節がきまっている。これを強勢という。強勢の位置によってことなる語を区別する場合も多い。例：ìsula ['i:zula]「島」isulà [izul'a]「孤立させる」([　] 内では国際音声字母を用いたが、強勢の表示が音節の前につくという原則をやぶり、音節分割の困難に配慮し、コルシカ語の言語地図、先行研究、辞典にならって、母音の前に ' をつけることにする)

語末からふたつめの音節に強勢をもつ語がもっとも多い。この類の語を平語 (parolle lisce) という。例：càsa [k'a:za]「家」verànu [bɛr'a:nu]「春」

語末の音節に強勢をもつ語がつぎに多い。この類の語を截語 (parolle mozze) という。例：libertà [liwɛrt'a]「自由」restà [rɛst'a]「とどまる」

- 4 -

語末から 3 つめの音節に強勢をもつ語も少なくないので注意が必要である。この類の語を滑語 (parolle sguìllule) という。例：ìsula ['i:zula]「島」càmera [k'a:mɛra]「寝室」

動詞の活用形に接辞代名詞を接尾させた語にかぎり、例外的に語末から 4 つめの音節に強勢がくる場合がある。この類の語を後滑語 (parolle catasguìllule) という。例：andèmucine [and'ɛ:mudʒinɛ]「(われわれは) 行ってしまおう」

強勢のおかれる母音は一般に長くなる。しかし、截語の強勢母音や、二重子音字 (bb, cc, dd, ff など) のまえ、複数のことなる子音字 (mp, nd, nt, rs, str など) のまえの強勢母音は長くならない。ただし、ch, gh, chj, ghj, gn, gl (+i), dr の組みあわせは単一子音字並みであり、そのまえの強勢音節の母音は長くなる。

§3. 強勢記号 (aletta)

強勢記号にはふたつの機能がある。第 1 は強勢の位置を示すこと、第 2 は é [e] / è [ɛ]、ó [o] / ò [ɔ] において母音の開口度を区別することである。右上がりの強勢記号 (´) をアレッタ・アグーダ (aletta acuta)、右下がりの強勢記号 (`) をアレッタ・グラーウェ (aletta grave) という。元来は前者が狭い母音、後者が広い母音につくべきものであるが、とくに e, o の広狭を示したいとき以外は後者のみを用いる。e, o の開口度の弁別は、強勢がおかれるときにしかなく、無強勢の e, o は原則として広い母音、狭い母音のどちらで発音してもよい。弁別のある例：méle [m'e:lɛ]「蜜」/ mèle [m'ɛ:lɛ]「りんご (複数)」、còrsu [k'ɔrsu]「コルシカの」/ córsu [k'orsu]「経路、通り、授業」。

語末の強勢記号だけはつねに義務的にしるさなければならないが、一般の慣用では、その他の位置の強勢記号ははぶかれる (このため、「平語」とつづり字で見わけがつかない「滑語」を記憶しなければならない)。また、その慣用にしたがう場合、アレッタ・アグーダを用いず、アレッタ・グラーウェのみを用いる。その結果、語末で ò とつづるにもかかわらず狭い [o] の発音になることがある。例：dinò [din'o]「まだ、また」(dinó のように発音)。これに対し、語末の e は、返答辞の iè [ij'e]「はい」(ié のように発音)、一部の呼格 (§10)

- 5 -

を例外として、強勢の有無にかかわらず広い [ɛ] である。

　一音節の語には、強勢をもつ語ともたない語があるので、強勢をもつ語には強勢記号をつける。例：di [前置詞] / dì「言う」。しかし、強勢をもたない一音節の語どうしでも、同音異義語を弁別するために一方に強勢記号をつける場合がある。例：a [定冠詞・目的語代名詞] / à [前置詞]

　本書では、本文では (e, o の開閉もふくめて) とくに注意をうながす場合以外は一般の慣用にしたがって表記するが、巻末語彙集では強勢の位置にかかわらず強勢記号を網羅的につけ、かつ é / è、ó / ò の弁別もする。

§4. 母音 (vucali)

4.1. 母音字は a, e, i, o, u の 5 つであるが、前節でのべたように、e, o には開口度の弁別があるので、音としての母音は [a], [ɛ], [e], [i], [o], [ɔ], [u] の 7 つがある。ただし、[ɛ] / [e]、[o] / [ɔ] の弁別があるのは、強勢音節においてのみである。くわえて、北東部では第 8 の母音 [æ] ([a] と [ɛ] の中間の音) がある。

4.2. 以下、母音字ごとに説明する。

　a [a]。日本語の「ア」の母音にほぼひとしい。例：casa [k'a:za]「家」。北東部では一部の a を [æ] とする。例：scarpu [sk'ærpu]「靴」。音を反映して scherpu のようにつづることもある。

　e [ɛ], [e]。日本語の「エ」の母音より、くちの開きを広くすると [ɛ]、狭くすると [e] になる。例：mele [m'e:lɛ]「蜜」、mele [m'ɛ:lɛ]「りんご (複数)」。広い、狭いの区別は基本的には単語ごとにおぼえるしかないが、規則的な部分もある。語末、指示代名詞 (questu, quessu, quellu)、動詞の活用語尾 (parlemu, parleremu...)、指小辞 (-ettu、-etta) ではつねに広い。ただし、単純過去の語尾 (-ete, -etimu, -etinu) ではつねに狭い。南部では -er- のつづり字を [ær] または [ar] とよむ。terra [t'æ:rra]「大地、地球」。音を反映して tarra のようにつづることもある。

　i [i]。日本語「イ」の母音にほぼひとしい。例：tippu [t'ippu]「タイプ、型」

　o [o], [ɔ]。日本語の「オ」の母音より、くちの開きを広くすると [ɔ]、狭く

すると [o] になる。後者はくちびるを丸め、つきだすようにする。例：ora ['o:ra]「時（じ）」、ora ['ɔ:ra]「影」。広い、狭いの区別は基本的には単語ごとにおぼえるしかないが、規則的な部分もある。-one, -ore, -osu でおわる 2 音節以上の単語、単純過去の語尾 (parlò, parlonu...) ではつねに広い。-olu, -ottu でおわる単語ではつねに狭い。

u [u]。しっかりとくちびるを丸め、つきだすように発音する。日本語（とくに東日本、北日本）で用いられている平唇の「ウ」とはまったく異なる。例：usu ['u:zu]「使用」。

4.3.「母音+n」または「母音+m」の直後に他の子音がくるとき、はじめの母音の調音は呼気の一部を鼻に通す音、すなわち鼻母音 (nasògnuli) として発音されることがある。例：ponte [p'ɔ̃ntɛ]「橋」、santu [s'ãntu]「聖人」。ただし、フランス語のように明確かつ強い鼻母音ではなく、またフランス語のように直後の鼻子音 [n] [m] が鼻母音に吸収され消滅することもない。このため、コルシカ語には鼻母音は存在しないとする説もある。

-nn-、-mm- の前にくる母音は鼻母音化しない。例：donna [d'ɔnna]「女」

母音字 e, o には広狭の区別があったが、鼻母音 [ɔ̃] [ɛ̃] になるとつねに広い。

4.4. 強勢音節にある母音字 e, o が、派生語尾や動詞の活用語尾を語末につけることによって強勢をうしなうとき、それぞれ i, u に変化する。これを母音変化 (svucalatura) という。例：mettu [m'ɛttu]「わたしは置く」⇒ mittemu [mitt'ɛ:mu]「われわれは置く」 focu [f'o:gu]「火」⇒ fucone [fug'ɔ:nɛ]「暖炉」

4.5. 冠詞、指示詞、代名詞、接続詞で、直後に母音がくるとき、語尾の母音を略することがある。これを語尾切断 (elisione) という。略された母音字の位置にアプストローファ (apustrofa, ' の記号) をしるす。例：**un'era**「ある時代」

§5. 子音 (cunsunanti)

5.1. コルシカ語の子音字の多くは、発話のなかでの出現位置に応じて、強形 (realizazione pretta) と弱形 (realizazione frolla) とよばれる、ことなる音価をもつ。この現象を子音交替 (mutazione cunsunàntica) といい、強形と弱形をもつ

子音字を交替子音字 (cambiarine) という。たとえば、sera「宵」は、単独では [s'ɛ:ra] と発音するが、定冠詞をつけて a sera とすると [az'ɛ:ra] と発音される。すなわち、子音字 s の強形は [s]、弱形は [z] ということになる。強形の出る位置は、休止 (句読点) の後、子音の後、および截語 (語末に強勢のおかれる語) の直後である。それ以外の位置は弱形の出る位置である。

5.2. つぎに交替子音字とそれらの発音を一覧表にして示す。

交替子音字一覧表

子音字	強形 / 例 (名詞)	弱形 / 例 (定冠詞+名詞)
b	[b] / bancu [b'ãnku]「ベンチ」	[w] / a bancu [aw'ãnku]
c (+a, o, u) 南、 ch (+e, i)	[k] / casa [k'a:za]「家」、 chimica [k'i:miga]「化学」	[g] / a casa [ag'a:za] 、 a chimica [ag'i:miga]
c (+e, i)	[tʃ] / cena [tʃ'ɛ:na]「夕食」	[dʒ] / a cena [adʒ'ɛ:na]
chj 南	[c] / chjostru [c'ɔ:stru]「修道院」	[ɟ] / u cjhostru[uɟ'ɔ:stru]
d	[d] / donna [d'ɔnna]「女」	[無音] / a donna [a'ɔnna]
f 南	[f] / fine [f'i:nɛ]「終わり」	[v] / a fine [av'i:nɛ]
g (+a, o, u)	[g] / gara [g'a:ra]「駅」	[無音] / a gara [a'a:ra]
ghj 南	[ɟ] / ghjente [ɟ'ɛ̃ntɛ]「ひとびと」	[j] / a ghjente [aj'ɛ̃ntɛ]
gu	[gw] / guerra [gw'ɛrra]「戦争」	[w] / a guerra [aw'ɛrra]
p	[p] / pace [p'a:dʒɛ]「平和」	[b] / a pace [ab'a:dʒɛ]
qu	[kw] / quartu [kw'artu]「4分の1」	[gw] / u quartu [ugw'artu]
s 南	[s] / sera [s'ɛ:ra]「宵」	[z] / a sera [az'ɛ:ra]
t	[t] / terra [t'ɛrra]「大地、地球」	[d] / a terra [ad'ɛrra]
v 南	[b] ([v]) / verità [bɛrid'a]「真実」	[w] / a verità [awɛrid'a]
z	[ts] / ziu [ts'i:u]「おじ」	[dz] / u ziu [udz'i:u]

　一覧のなかで、注意を要するものについて以下にのべる。

　南部では表中で 南 の記号のついた子音字のみが交替子音字であり、それ以外の子音字に関してはつねに強形を用いる。

　北部では b の強形と v の強形の区別がない (この現象を V の「B 音化」

(betacismu) という)。南部ではそれらの区別があるので、verità [vɛrit'a] となる。しかし、北部に [v] の音がないわけではなく、f の弱形としては使われる。

chj の強形 [c] は、硬口蓋に舌背をつけて破裂させる無声子音 (破擦音ではないことに注意)。日本語でいうと「キ」の子音と「チ」の子音の中間の音のようにきこえる。[tj] による発音も許容されているが、その方式では chjamu [c'a:mu]「呼び声」と ti amu [tj'a:mu]「きみを愛する」が弁別できない。

ghj の強形、chj の弱形 [ɟ] は硬口蓋に舌背をつけて破裂させる有声子音 (破擦音ではないことに注意)。「ギ」の子音と「ヂ」の子音の中間の音のようにきこえる。[dj] による発音も許容されているが、その方式では ghjalettu [ɟal'ettu]「若鶏」と dialettu [djal'ɛttu]「方言」が弁別できない。

ghj の弱形 [j] は日本語「ヤユヨ」の子音。

d、g の弱形は [無音] としたが、完全に消滅せず、それぞれ [j]、[w] がきこえる場合もある。

chj、ghj は語頭の弱形環境では弱形になるが、語中では強形のままである。ochju ['o:cu]「目」、maghju [m'a:ɟu]「5 月」

5.3. 一覧表にあらわれていない子音字、g (+e,i) [dʒ]、gh (+e, i) [g]、gn [ɲ]、gl (+i) [ʎ]、l [l]、m [m]、n [n]、r [r]、sc (+e, i) [ʃ]、sg (+e, i) [ʒ]、および二重子音字 (bb, cc, dd, ff など) はいずれも交替しない。

交替しない子音字のうち、注意を要するものについて以下にのべる。

gn [ɲ] は舌背を硬口蓋につけ、鼻腔に呼気を通す音。「ニャ」の子音。例：bisognu [biz'ɔ:ɲu]「必要」

gl (+i) [ʎ] は舌背を硬口蓋につけ、その側面から呼気を通す流音。l [l] が舌尖を歯茎につけるのにくらべて、調音点が後方になることに注意。イタリア語 gl (+i)、スペイン語 ll、ポルトガル語 lh の音。例：famiglia [fam'i:ʎa]「家族」

r [r] は舌尖顫動音、いわゆる「巻き舌」。例：risa [r'i:za]「笑い」。ただし現実には、フランス語の影響をうけた軟口蓋摩擦音 [ʁ] や口蓋垂顫動音 [R] も少なからずきこえる。

子音字 h は一切発音しない。例：hà [a] (動詞 avè の活用形)

5.4. 二重子音字を読むときは、対応する単独子音字の音価 (交替子音字の場合は強形) を二重に発音する。結果的に、日本語の促音 (「ッ」の入る音) のようにきこえる。例：tuttu [t'uttu]「すべての」

単一子音字と二重子音字で弁別があり、ことなる単語になる場合がある。例：culà [kul'a]「そこに」/ cullà [kull'a]「のぼる」

ただし、二重子音字の出現頻度は、イタリア語より格段に低い。例：科 cità [tʃid'a]「(都) 市」/ 伊 città [tʃitt'a]

なぜ、より表音的なつづり字にしないか

交替子音字 (§5.1) を、より表音的なつづり字にしたほうが合理的に思えるが、なぜしないのかという疑問が起きるかもしれない。このような書記体系にしていることには、ふたつの理由がある。第1に、方言によって変化子音字になったり、ならなかったりする子音字が多いことから、変化前のつづり字を用いたほうが、方言差を吸収できる。第2に、より表音的なつづり字にすると、おなじ単語や記号素が、出現位置によって異なるつづり字になる事例が急増し、語彙的なまとまりが見づらくなるからである (ただし、母音変化 (§4.4) に関しては変化した結果の音を表音的に書く。子音と母音で扱いがことなる)。

あいさつのコルシカ語

・Bonghjornu. おはよう/こんにちは/こんばんは。(仏 Bonjour とおなじく、いつでも使える)

・Bona sera. こんばんは。

・Bona notte. おやすみなさい。

・Salute. やあ。

・Cumu stà ? / Cumu và ? [遠慮をおく相手か複数の相手に] お元気ですか?

・Cumu stai ? / Cumu sì ? / Tutti bè ? [遠慮をおかない相手に] 元気?

・Và bè. 元気です。

・Grazie. ありがとう。

・À ringraziavvi. / Vi ringraziu. [遠慮をおく相手か複数の相手に] ありがとうございます。

・À ringraziatti. / Ti ringraziu. [遠慮をおかない相手に] ありがとう。

・Avvèdeci. さようなら。

・À dumane. またあした。

II. 名詞と冠詞

§ 6. 名詞の性と数 (gèneri è nùmeri di u sustantivu)

6.1. コルシカ語の名詞はすべて、男性名詞 (sustantivu maschile) か女性名詞 (sustantivu feminile) のいずれかにわかれる。

-u でおわる名詞は圧倒的に男性名詞、-a でおわる名詞は圧倒的に女性名詞である。例：muru 男 「壁」、libru 男 「本」、acqua 女 「水」、rosa 女 「ばら」

-e でおわる名詞は男性名詞、女性名詞ともにある。例：ponte 男 「橋」、voce 女 「声」、luce 女 「光」

ギリシア語源の -ma でおわる名詞は、語末の -a にもかかわらず男性名詞である。例：prublema 男 「問題」、tema 男 「主題」

manu 女 「手」は語末の -u にもかかわらず女性名詞である。

-zione, -gione, -tà, -tù でおわる名詞はすべて女性名詞である。例：nazione 女 「国家」、stagione 女 「季節」、verità 女 「真実」、virtù 女 「徳」

6.2. 名詞には単数形 (singulare) と複数形 (plurale) がある。単数形から複数形をつくるには、原則として、つぎのように語尾を交替させる。

-u, -e でおわる名詞は -i に：libru ⇒ libri、manu ⇒ mani、ponte ⇒ ponti、luce ⇒ luci、nazione ⇒ nazioni (いずれも上記で既出の名詞)

-a でおわる名詞は -e に：rosa ⇒ rose、porta 女 「扉」 ⇒ porte

6.3. つづり字の注意が必要な複数形：

-cu ⇒ -chi, -ca ⇒ -che, -gu ⇒ -ghi, -ga ⇒ -ghe ([k], [g] 音を保つため複数形で -h- を挿入する)：locu 男 「場所」 ⇒ lochi, bocca 女 「くち」 ⇒ bocche

-ciu ⇒ -ci, -cia ⇒ -ce, -giu ⇒ -gi, -gia ⇒ -ge (単数形の -i- は [k][g] を [tʃ] [dʒ] にするためだったが、複数形で -i, -e 語尾になると不要になる)：pesciu 男 「魚」 ⇒ pesci, caccia 女 「狩り」 ⇒ cacce

amicu 男 「友」⇒ amichi / amici ; médicu 男 「医者」⇒ médichi / médici ; porcu 男 「豚」 ⇒ porchi / porci は、音を保つ -chi、つづり字を保つ -ci のふたとおりの複数形をもつ。

- 11 -

6.4. 例外的な複数形：

截語 (語末に強勢のおかれる語) の名詞は性をとわず単複同形：verità, virtù, cinemà 男「(芸術ジャンルとしての) 映画、または映画館」

-ma でおわる男性名詞は -mi に：prublema ⇒ prublemi、tema ⇒ temi

単数形で男性名詞、複数形では女性名詞になる名詞：ovu 男「卵」⇒ ove 女、bracciu 男「腕」⇒ bracce 女、labbru 男「唇」⇒ labbre 女、ditu 男「指」⇒ dite 女、ossu 男「骨」⇒ osse 女、ghjinochju 男「膝」⇒ ghjinochje 女

§ 7. 定冠詞 (artìculi definiti)

	単数	複数	例 (単数 ⇒ 複数)
男性	**u**	**i**	u quaternu「ノート」⇒ i quaterni
女性	**a**	**e**	a porta「扉」⇒ e porte

ただし、母音の前では性数をとわず、すべて l' となる：l'omu 男「男」⇒ l'omi

既知のものをあらわす名詞につけるほか、限定をうけた名詞につける：

u quaternu di Petru「ペトルのノート」

あるカテゴリー全般をさす名詞につける (総称)：

U leone hè carnivuru.「ライオンは肉食である」

抽象名詞にも定冠詞がつく：a pace「平和」(cf. 英語では無冠詞：peace)

なお、詩などの文語で、lu, la, li, le という古形を用いることもある。

§ 8. 不定冠詞 (artìculi indefiniti)

	単数	例 (単数 ⇒ 複数)
男性	**un**	un fiore「花」⇒ fiori
女性	**una**	una donna「女」⇒ donne

未知のもの、不特定のものをあらわす名詞につける。

不定冠詞は単数形しかないので、不特定の複数名詞には冠詞をつけない。

母音の前では女性形は un' となる：un'era 女「時代、年代」

in-, im- の前では男性形は unu となる：unu insignante 男「教員」

§9. 接尾辞 (suffissu)

9.1. コルシカ語は名詞の語尾で接尾辞をよく使う。-u でおわる接尾辞は、いずれも語末を -a にかえると女性になる。

9.2. 縮小辞 (diminutivu)：-ettu, -inu, -ellu, -ucciu

小ささとならんで、親愛や好感をあらわす。

zitellu「男の子」⇒ zitillettu「小さな男の子」

figliolu「息子」⇒ figliulinu「孫」

casa「家」⇒ casuccia「小さい、しゃれた家」

2 音節までの語には、-ellu のかわりに -lellu, -icellu, -ichellu, -arellu などとすることが多い：trenu「列車」⇒ trinichellu, trinighellu「小さな列車」(コルシカ鉄道の列車の愛称)

9.3. 拡大辞 (accriscitivu)：-one, -ottu

-one は、もとが女性名詞であっても -e 語尾のまま適用し、男性名詞に転換する。人間の女性に対してのみ例外的に女性語尾 -ona をもちいる。

casa「家」⇒ casone「大きな家」

donna「女」⇒ dunnona「大がらな女」

-ottu は大きさとともに活力を示す。

zitellu「男の子」⇒ zitillottu「大きくて元気な男の子」

9.4. 軽蔑辞 (disprezzativu)：-acciu

roba「品物」⇒ rubaccia「粗悪品」(なお、roba は元来「服」であったが、コルシカ語では「品物」全般をさすようになった)

ただし、Bastia ⇒ bastiacciu のような場合は単に都市名由来の形容詞語尾として機能しており、軽蔑のニュアンスはない。

§10. 呼格 (vocativu)

コルシカ語の特徴のひとつとして、固有名詞 (個人名)、家族名称、職業名詞などの一部の名詞を、呼びかけ専用の形、すなわち呼格におくことができる。隣接するサルディーニャ語と同様の現象である。

- 13 -

呼格をつくるには、強勢音節の母音までを残してそれ以降の語尾を切断し、o を冠する。この o は強勢をもたないので、直後の交替子音字は弱形で発音される。名詞本体は語尾省略の結果、截語になるので、新たな語末母音にアレッタをつける。以下に例をあげる。

　Ànghjulu, Ànghjula ⇒ O À「アーンジュル、アーンジュラ」　Antone ⇒ O Antò [ont'o]「アントーネ」　Battistu ⇒ O Battì「バッティストゥ」　Carlu ⇒ O Cà「カルル」　Dumènicu ⇒ O Dumè「ドゥメーニグ」　Francescu ⇒ O Francè「フランチェースク」　Ghjàcumu ⇒ O Ghjà「ジャーグム」　Ghjuvanni ⇒ O Ghjuvà「ジュワーンニ」　Lisandru ⇒ O Lisà「リザーンドル」(フランス語 Alexandre, イタリア語 Alessandro に相当する名まえ)　Pasquale ⇒ O Pasquà「パスクワーレ」　Pàulu ⇒ O Pà「パーウル」　Petru ⇒ O Pè [ob'e] (語末の [e] は狭い)「ペトル」　Santu ⇒ O Sà「サントゥ」

　babbu ⇒ O bà「お父さん」　mamma ⇒ O mà「お母さん」　zitellu / zitelli ⇒ O zité「こども (たち)」　figliolu / figliola ⇒ O figliò「息子 / 娘」　zìu / zìa ⇒ O zì「おじさん / おばさん」(日本語の「おじさん / おばさん」と同様に、血縁関係がなくても言える)　duttore ⇒ O sgiò duttò「先生 (医師に)」　maestru ⇒ O maè「先生 (教師に)」

　ふたつの個人名をあわせた連結名は、フランス語 (例：Jean-Paul) とちがってハイフンでむすばず、空白をあける。また、イタリア語 (例：Gianfranco)とちがって、ひとつづりにしないほうが普通である。連結名にする際、前がわの要素が若干短縮されることがある。連結名を呼格にするときは、あとの要素を呼格形にする：

　Ghjuvanni + Pàulu ⇒ Ghjuvàn Pàulu ⇒ O Ghjuvan Pà「ジュワン・パーウル」

不定冠詞の例外的複数形

　元来、不定冠詞に複数形はないが、un pocu「少しの」を不可算名詞に用いるかわりに、uni pochi を可算名詞に用いる。このときの uni は不定冠詞の複数形と考えざるをえない。また、uni pochi は pocu がもっていた「少量」の意味ではなく、「多くの」の意味になる。例：uni pochi di soldi「多くの財産」

III. 形容詞

§ 11. 形容詞 (aggettivi)

　形容詞は性数変化し、関係する名詞、代名詞に性数を一致させる。辞書では、形容詞の見出し語は男性単数であり、原則として -u または -e でおわる。それぞれ、つぎのように語尾を交替させる。

	単数	複数	例 (単数 ⇒ 複数)
男性	**-u**	**-i**	un pìcculu zitellu「小さな男の子」⇒ pìcculi zitelli
女性	**-a**	**-e**	una pìccula zitella「小さな女の子」⇒ pìccule zitelle

	単数	複数	例 (単数 ⇒ 複数)
男性	**-e**	**-i**	un ochju verde「緑の目」⇒ ochji verdi
女性	**-e**	**-i**	una oliva verde「緑のオリーヴ」⇒ olive verdi

　その他、複数形のつくりかたは名詞と同様：biancu「白い」⇒ bianchi ([k] 音を保つため -h- を挿入)、bastiacciu「バスティーアの」⇒ bastiacci (単数形の -i は [k] を [tʃ] にするためだったので、複数形になると不要になる)

　ふたつ以上の単数名詞にかかる形容詞は複数形。男性名詞・女性名詞がまじっているとき、形容詞は男性複数形におく：carrughji è piazze bastiacci「バスティーアの通りと広場」

　付加語形容詞 (epitetu；名詞に直接かかる形容詞) は、名詞の前か後におかれる。形容詞によっては、名詞の前と後で意味が変わる：

　un pòveru omu「かわいそうな男」, un omu pòveru「貧しい男」

　男性単数形 bellu「美しい」, bonu「よい」, malu「わるい」, grande「大きい」, santu「聖なる」は母音のまえでは語尾を切断し、' で母音につなぐ：

　una bell'occasione「すばらしい機会」, Sant'Antone「聖アントーネ」

　bonu, malu, grande は子音のまえで語尾を切断することがある：

　un bon core「良心」, un gran scrittore「偉大な作家」

- 15 -

IV. 指示詞

§ 12. 指示形容詞 (aggettivi demonstrativi)

「この、その、あの〜」にあたる形式で、名詞の前につく。

	男性単数	男性複数	女性単数	女性複数
近称 (この)	**istu** [stu]	**isti** [sti]	**ista** [sta]	**iste** [stɛ]
中称 (その)	**issu** [ssu]	**issi** [ssi]	**issa** [ssa]	**isse** [ssɛ]
遠称 (あの)	**quellu**	**quelli**	**quella**	**quelle**

発音に注意。istu, itsi...; issu, issi... の語頭の i は発音されない。

istu cappellu, issu cappellu, quellu cappellu「この帽子、その帽子、あの帽子」

母音の前では変化語尾を切断し、' をつける:

ist'animale, iss'anmale, quell'animale「この動物、その動物、あの動物」

一部の固定表現に istu, isti... の古形 quistu, quisti... が残っている:

quist'annu「今年」, quist'annu chì vene「来年」

§ 13. 指示代名詞 (prunomi demonstrativi)

13.1.「これ、それ、あれ」にあたる形式で、前提になる名詞があるため、性数変化するもの。

	男性単数	男性複数	女性単数	女性複数
近称 (これ)	**questu**	**questi**	**questa**	**queste**
中称 (それ)	**quessu**	**quessi**	**quessa**	**quesse**
遠称 (あれ)	**quellu**	**quelli**	**quella**	**quelle**

A mo vittura hè questa.「わたしの車はこれです」

ひとをさすときは、性数さえ一致させれば前提なく使える。

quesssa ricca「金持ちのその女」(quessa は指示代名詞、ricca は形容詞。なお、issa ricca「その金持ちの女」とすると issa は指示形容詞、ricca は名詞)

quellu, quelli... は関係節の先行詞にも使われ、「... なもの、... なひと (ひとびと)」をあらわす:

- 16 -

Qualessa possu piglia ? — Quellu chì tù voli.

「どれをもらえばいい?」「きみの欲しいものを」

Quellu chì dice assai face pocu. 「多くを語る者はほとんど実行しない」

　無変化の場所副詞 **quì, custì, quallà** 「ここ、そこ、あそこ」と剰語的に併用することがある : questu quì 「ここにあるこれ」

13.2. 性数変化しないもの。前提となる名詞がない漠然とした指示に用いる。

・**què** は単独で用いる : Guardate què. 「これを見てください」

・**ciò** は関係節の先行詞になり、「... なもの、こと」をあらわす :

Dimmi ciò chè pensi. 「きみの考えていることを言って」

イタリア（語）、フランス（語）との微妙な関係

　コルシカ語がイタリア語に近いことは明白な事実であり、ときにイタリア語の一方言とされることがある。ある言語変種を、独立した一言語とみなすか、ある言語の方言とみなすかは政治的な要因にも左右され、明確な基準はない。コルシカ語についても、イタリア (語)、フランス (語) との距離のとりかたがつねに問題になっている。たとえば、正書法をさだめるとき、前置詞の à にアレッタを付するか否か、あるいは、コルシカ語に鼻母音が存在すると考えるか否かが、とりもなおさず、イタリア (語)、フランス (語) との距離感の問題になってしまう。イタリアには、コルシカがイタリアの失われた一部であると考えるイッレデンティスモ (伊 irredentismo, 科 irridentismu) という思想がある。一方のフランスは、言語政策の点できわめて中央集権的な傾向があったため、コルシカ語にはほとんど公的な地位を与えないできた。こうしてみると、フランスとイタリアのあいだでつな引きをしているようにも思えるが、しかし、フランスが行政的にさだめているコルシカの地名が、しばしばトスカーナのイタリア語の語形に準拠しているのは皮肉な現象である（これはかつて、コルシカ島で、公的な書きことばがトスカーナのイタリア語であった名残りである）。たとえば、コルシカ語でいう Bucugnà のフランス語での呼称は Bocognano であり、フランス語表記のほうがコルシカ語表記以上にイタリア語的である！

- 17 -

V. 所有詞

§14. 所有形容詞 (aggettivi possessivi)

「わたしの本」というときの「わたしの」などにあたる形式で、名詞の前につく。

所有者＼被所有物	男性単数	男性複数	女性単数	女性複数
1 人称単数	**u mo**	**i mo**	**a mo**	**e mo**
2 人称単数	**u to**	**i to**	**a to**	**e to**
3 人称単数	**u so**	**i so**	**a so**	**e so**
1 人称複数	**u nostru**	**i nostri**	**a nostra**	**e nostre**
2 人称複数	**u vostru**	**i vostri**	**a vostra**	**e vostre**
3 人称複数	**u so**	**i so**	**a so**	**e so**

男女の区別は所有者に対するものではなく、被所有物をあらわす後続名詞に対するものであることに注意。英語 his book, her book にあたる区別はコルシカ語にはなく、ともに u so libru になる (libru が男性名詞なので)。女性形 a so を用いるのは、a so casa「彼の (彼女の、彼らの、彼女らの) 家」のような女性名詞の前。

mo, to, so は次節でみる meiu, mei..., toiu, toi..., soiu, soi... などが短縮された形のため性数変化せず、前につく定冠詞のみを変化させる。mo は me になる場合もある。また、短縮形なので、mo', me', to', so' と書くこともある。

u mo babbu「わたしの父」, a mo mamma「わたしの母」, i mo genitori「わたしの両親」, e mo surelle「わたしの姉妹たち」; u nostru figliolu「私たちの息子」, a nostra figliola「私たちの娘」, i nostri zitelli「私たちの子どもたち」; u so prublema「彼の (彼女の、それの、彼らの、彼女らの、それらの) 問題」, a so chiave「彼の (彼女の、それの、彼らの、彼女らの、それらの) 鍵」, i so nuvelli「彼の (彼女の、彼らの、彼女らの) 近況」

- 18 -

§15. 所有代名詞 (prunomi possessivi)

「所有形容詞＋名詞」の「名詞」が既知として暗黙にされ、「～のもの」という意味をあらわす形式。

所有者＼被所有物	男性単数	男性複数	女性単数	女性複数
1人称単数	**u meiu**	**i mei**	**a meia**	**e meie**
2人称単数	**u toiu**	**i toi**	**a toia**	**e toie**
3人称単数	**u soiu**	**i soi**	**a soia**	**e soie**
1人称複数	**u nostru**	**i nostri**	**a nostra**	**e nostre**
2人称複数	**u vostru**	**i vostri**	**a vostra**	**e vostre**
3人称複数	**u soiu**	**i soi**	**a soia**	**e soie**

Isti scarpi sò i mei. 「この靴はわたしのです」

名詞を示しながら重複的に使うこともある。名詞を後置するときは定冠詞をくりかえす: a soia a casa ＝ a casa soia「彼の (彼女の、彼らの、彼女らの) 家」

i mei, i toi, i soi...で「家族、近親者」を示す: Fate passà istu messaghju à i vostri. 「あなたのご家族にこのメッセージをまわしてください」

u soiu で「持ちもの」を示す: Quì hè tuttu u soiu. 「ここにあるのはすべて彼の (彼女の、彼らの、彼女らの) 持ちものだ」

おもな親族名称

babbu「父」、mamma「母」、babbone「祖父」、mammone「祖母」、maritu「夫」、moglia「妻」、figliolu「息子」、figliola「娘」、fratellu「兄弟」、surella「姉妹」、figliulinu「(男の) 孫」、figliulina「孫娘」、ziu「おじ」、zia「おば」、cuginu「従兄弟」、cugina「従姉妹」、u nipote「おい」、a nipote「めい」、soceru「しゅうと」、socera「しゅうとめ」、cugnatu「義理の兄弟」、cugnata「義理の姉妹」、ghjenneru「(妻の両親からみた) 婿」、nora「(夫の両親からみた) 嫁」

VI. 数詞

§ 16. 基数詞 (numerali cardinali)

16.1. 形式

0 zeru   1 unu (una)   2 dui (duie)   3 trè   4 quattru   5 cinque   6 sei   7 sette

8 ottu   9 nove   10 dece   11 òndeci   12 dòdeci   13 trèdeci   14 quattòrdeci

15 quìndeci   16 sèdeci   17 dicesette   18 diciottu   19 dicenove   20 vinti

21 vintunu (vintuna)   22 vintidui (vintiduie)   23 vintitrè   24 vintiquattru

25 vinticinque   26 vintisei   27 vintisette   28 vintottu   29 vintinove

30 trenta   31 trentunu (trentuna)   32 trentadui (trentaduie)   33 trentatrè...

40 quaranta   41 quarentunu (quarantuna)   42 quarantadui (quarantaduie)...

50 cinquanta   51 cinquantunu (cinquantuna)   52 cinquantadui (cinquantaduie)...

60 sessanta   61 sessentunu (sessentuna)   62 sessentadui (sessentaduie)...

70 settanta   71 settantunu (settantuna)   72 settantadui (settantaduie)...

80 ottanta   81 ottantunu (ottantuna)   82 ottantadui (ottantaduie)...

90 novanta   91 novantunu (novantuna)   92 novantadui (novantaduie)...

100 centu   101 cent'è unu (una)   102 cent'è dui (duie)...

200 duiecentu   201 duiecent'è unu (una)   202 duiecent'è dui (duie)...

1000 mille   1001 mill'è unu (una)   1002 mill'è dui (duie)...

2000 duiemila   2015 duiemil'è quindeci   1 万 decimila   10 万 centumila

100 万 un milione   3000 万 trenta milioni   10 億 una milliarda

16.2. 注意点

・unu / una, dui / duie (およびそれらでおわる数詞) は対象とする名詞にあわせて男性形 / 女性形に変化する。その他は性変化しない。

・unu / una は母音のまえで語尾を切断し、un / un' となる。

・21, 31, 41...91 ; 28, 38, 48...98 は 10 の位の数詞から語末母音を落としてから unu / una, ottu をつける。

・100, 1000 の位のあとの等位接続詞 è は入れても入れなくてもよい。

- 20 -

・mille の複数形は mila であり、2000 以上で用いる。母音の前ではそれぞれ mill', mil' になる。

・mille / mila までの数詞は形容詞であるが、milione, miliarda は名詞であるので、名詞にかかるときは前置詞 di を介する：cinque milioni d'eurò / euri「500万ユーロ」(eurò を Europa の略語とみなし、語尾変化させない方式と、もはや略語とはみなさず、euru / euri と数変化させる方式がならびたっている)

・たとえば 888 をコルシカ語のつづり字で書くときは、イタリア語式の ottucentuottantottu と、フランス語式のわかち書き、ottocentu ottantottu の両方が許容されている。ただし、等位接続詞 è を入れるときは、そのあとで一旦切る。例：ottocent'è ottantottu.　3けたごとの大きな区切り (1000、100万、10億) をこえるときは、どちらの方式でもわかち書きをする。

§ 17. 序数詞 (numerali urdinali)

17.1. 形式

1^{mu} primu　2^{du} (2^{mu}) secondu / duièsimu　3^{zu} (3^{mu}) terzu / treèsimu

4^{tu} (4^{mu}) quartu / quattrèsimu　5^{tu} (5^{mu}) quintu / cinquèsimu

6^{tu} (6^{mu}) sestu / seièsimu　7^{mu} settimu / settèsimu　8^{vu} ottavu / ottèsimu

9^{mu} novèsimu　10^{mu} decèsimu　11^{mu} ondecèsimu　12^{mu} dodecèsimu...

20^{mu} vintèsimu...　30^{mu} trentèsimu...　40^{mu} quarantèsimu...

17.2. 注意点

・基数詞とちがって、関係する名詞に応じて性数変化する。算用数字を用いて略記するときは、1^{mu}, 1ma, 1^{mi}, 1me のように性数変化させた語尾をしるす。

・2 から 8 までは序数詞独自の不規則形と、基数詞からつくる規則形がある。

・9 以上は規則形のみで、基数詞 (語末母音を除く) ＋èsimu の形になる。ただし、23, 33, 43... は、vintitreèsimu, trentatreèsimu, quarantatreèsimu... になる。

時間表現

・時刻：Chì ora hè ? / Chì ore sò ?「何時ですか」（単・複どちらでもよい）

Hè un'ora.「1 時です」/ Sò duie ore.「2 時です」/ Sò trè ore.「3 時です」

Hè meziornu.「正午です」/ Hè mezanotte.「午前 0 時です」

Sò duie ore dece.「2 時 10 分です」/ Sò duie ore è quartu.「2 時 15 分です」(quartu「4 分の 1」) / Sò duie ore è mezu.「2 時半です」(mezu「半分」) / Sò trè ore menu cinque.「3 時 5 分前です」/ Sò trè ore menu un quartu.「3 時 15 分前です」

上記のように 1 時のみ単数扱い、ほかは複数扱いするのが原則であるが、単複をとわず sò をつねに使う語法もある。一方、「何時ですか」とたずねるときは単数でも複数でもよい。

Sò sett'ore di matina.「朝 (午前) 7 時です」(午前 0 時から正午まで matina)

Sò trè ore dopu meziornu「午後 3 時です」(日没までは dopu meziornu)

Sò ott'ore di sera.「夜の 8 時です」(日没から午前 0 時までは sera)

フランス語で 24 時間制が好まれるのとは対照的に、コルシカ語では 12 時間制が好まれる。

・曜日：luni「月曜日」, marti「火曜日」, mèrcuri「水曜日」, ghjovi「木曜日」, vènneri「金曜日」, sàbatu「土曜日」, dumènica「日曜日」

・月日：ghjennaghju「1 月」, ferraghju「2 月」, marzu「3 月」, aprile「4 月」, maghju「5 月」, ghjugnu「6 月」, lugliu「7 月」, aostu「8 月」, sittembre「9 月」, ottobre「10 月」, nuvembre「11 月」, dicembre「12 月」

日づけをいうには、< 定冠詞 u ＋基数詞＋di＋月名 > とする。

u 10 di ferraghju「2 月 10 日」

曜日をあわせていうには、つぎのようになる：

u ghjovi 6 di lugliu di u 2017「2017 年 7 月 6 日木曜日」

・世紀：u 21^{mu} (vintunèsimu) sèculu「21 世紀」（序数詞を使うことに注意）

・季節：veranu「春」, estate「夏」, auturnu「秋」, invernu「冬」

コルシカ島では四季はきわだたしくない。明確なのは夏と冬のみである。とくに、地中海性気候の特徴である、乾燥した暑い夏をめぐる語彙は豊かである。盛夏を sulleoni (つねに複数形)、盛夏の炎暑を sciappitana という。夏の終わりにおとずれる涼しさを rinfriscata または statina という (statina は estate に指小辞をつけたものである)。

VII. 人称代名詞

§ 18. 主語人称代名詞 (prunomi persunali sugetti)

		単 数	複 数
1 人称		**eiu**	**noi**
2 人称		**tù**	**voi**
3 人称	男性	**ellu**	**elli**
	女性	**ella**	**elle**

コルシカ語では動詞が明確に活用するので、主語人称代名詞は示さないことが多い：Amparemu a lingua corsa.「わたしたちはコルシカ語を学んでいます」

ただし、とりたててほかと区別するときには主語人称代名詞が出現する：

Oghje pagu eiu.「きょうはぼくが払う (おごる) よ」

tù は親密な相手に対して用いる。遠慮をおく相手には、単数の相手にも voi を用いる：(Voi) Andate à Bastia ?「バスティーアに行くのですか」

§ 19. 目的補語人称代名詞 (prunomi persunali cumplementi d'ogettu)

19.1. 動詞で示される行為が及ぶ対象をあらわす名詞または代名詞を目的補語 (cumplementu d'ogettu) という。日本語の「〜を」におよそ対応する直接目的補語 (cumplementu d'ogettu direttu) と、「〜に」におよそ対応する間接目的補語 (cumplementu d'ogettu indirettu) がある。たとえば、

Petru dà issi fiori à Maria.「ペトルはマリーアにそれらの花をあげる」

において、issi fiori は直接目的補語、à Maria は間接目的補語である。

19.2. これらを代名詞化するには、以下の形を用いる。mi, ti, vi は母音の前では m', t', v' になり、u, a, i, e は母音の前では l'になる。

(主語)	eiu	tù	ellu	ella	noi	voi	elli	elle
直接目的補語	**mi**	**ti**	**u** (l')	**a** (l')	**ci**	**vi**	**i** (l')	**e** (l')
間接目的補語	(m')	(t')	**li**			(v')	**li**	

- 23 -

直前の例文の目的補語を代名詞化すると、つぎのようになる。目的補語人称代名詞は動詞の活用形の前にくる：

　Petru i dà à Maria. (i = issi fiori)「ペトルはそれらをマリーアにあげる」

　Petru li dà issi fiori. (li = à Maria)「ペトルは彼女にそれらの花をあげる」

　直接目的補語、間接目的補語の両方を代名詞化するときは、つねに直接目的補語が先にくる（現代フランス語が人称によって語順を変えるのとちがう）：

　Petru i li dà.「ペトルはそれらを彼女にあげる」

　動詞が複合時制におかれたときは、代名詞は助動詞の前にくる：

　L'aghju fattu.「わたしはそれをした」

19.3. 動詞が命令法、不定法、現在分詞におかれているときは、それらのあとに目的補語人称代名詞をつなげる。またその際、母音衝突をさけるため、u, a, i, e を lu, la, li, le とする：Piglia + u ⇒ Pìglialu.「それを取りなさい」、pigliendu + u ⇒ piglièndulu「それを取るとき」

　目的補語人称代名詞の直前に強勢がくるときは、目的補語代名詞のはじめの子音を2重にする：piglià + u ⇒ pigliallu「それを取ること」

　命令法、不定法、現在分詞のあとでは、間接目的補語、直接目的補語の順になる：Dà + mi + u ⇒ Dammilu.「それをわたしにくれ」、Date + mi + u ⇒ Dàtemilu.「それをわたしにください」

　ただし、Piglia lu, pigliendu lu, piglià lu のような分かち書きもおこなわれている。

19.4. ほか、特殊な目的補語代名詞として再帰代名詞がある。§66 を参照。

§20. 強勢形人称代名詞 (prunomi persunali forti)

　前置詞のあとで用いる人称代名詞。

（主語）	eiu	tù	ellu	ella	noi	voi	elli	elle
強勢形	**mè**	**tè**	**ellu**	**ella**	**noi**	**voi**	**elli**	**elle**

　Vengu cù tè.「きみといっしょに行きます」

- 24 -

Maria mi hà parlatu di voi.「マリーアはわたしにあなた（がた）のことを話してくれた」

間接目的補語を à + 強勢形と間接目的補語代名詞で2重に示すことがある：

À mè mi piace a cicculata.「わたしはチョコレートが好きだ」(動詞 piacè は好まれるものを主語とし、それを好むひとを間接目的補語にする)

---

ci の語尾切断の禁止

目的補語人称代名詞のうち、ci のみが母音のまえでも語尾切断した c' という形がないことになっていた。これは、子音字 c が、あとにくる母音字に応じて [k]、[tʃ] というふたつの音価をもっているため、ci を語尾切断て c' としてしまうと、音価が変わってしまうという問題が起きるからである。たとえば、ci accumpagna「彼（彼女）がわたしたちに同伴する」を c'accumpagna とすると、[kakkũmp'a:ɲa] と読まれるおそれがある。実際には母音 [i] を介することなく、[tʃakkũmp'a:ɲa] とつなげた発音をするが、つづり字は ci accumpagna のままにしておくことが推奨される。また、この点は次章で扱う中性代名詞の ci に関しても同様である。ときおり、ci hè... を縮約した c'hè... というつづり字を見かけるが、これでは [kɛ] と読まれるおそれがある。実際には [tʃɛ] とつなげた発音をするが、つづり字は ci hè... のままにしておくことが推奨される。再帰代名詞 (§66) の ci についても事情は同じである。ci arricurdemu「わたしたちはおぼえている」を c'arricurdemu とすると、[karrigurd'ɛmu] と読まれるおそれがある。実際には母音 [i] を介することなく、[tʃarrigurd'ɛmu] とつなげた発音をするが、つづり字は ci arricurdemu のままにしておくことが推奨される。

VIII. 中性代名詞

§ 21. 中性代名詞 (prunomi neutri)

21.1. 前章で扱った人称代名詞は人称、性数などの変化があり、「ひと、もの」を指すが、中性代名詞は「こと」(命題内容、あるいはその一部) を指すものであるため、いずれも無変化である。**ci, ne, a** の 3 つがある。

21.2. **ci**：前置詞句 à... に代わるのが基本であるが、拡張的に、場所をあらわすものであれば、à... 以外の前置詞句に代わることもできる。

Pensate à e vacanze ?－Iè, ci pensu.

「休暇のことを考えていますか ? －はい、(そのことを) 考えています」

Vai in Aiacciu ? Ci vò ancu eiu. 「アヤッチュに行くの ? わたしも行く」

ci + esse... では場所の意味が薄れ、単に「...がある、いる」の意味になる。

Ci hè assai ghjente. 「大勢のひとがいる」

ci + vulè à ＋不定法、または ci + vulè chè (chì) ＋接続法で「...しなければならない」の意味になる。伊 dovere、仏 devoir に相当する 科 duvè を助動詞的に用いる頻度は相対的に低く、ci + vulè (vulecci) のほうが好まれる。

Ci vole à sceglie a strada bona. 「よい道をえらばないといけない」

Ci vole chè tù ti riposi. 「きみは休憩しないといけない」

21.3. **ne**：前置詞句 di...、da... に代わるのが基本であるが、拡張的に、数量詞のみを表現して名詞を省略するときにも用いられる。

U to ziu vene da Nizza ?－Iè, ne vene.

「ニースからおじさんが来るの ? －そう、来るんだ」

Quante mele cumprate ?－Ne cumpru trè.

「りんごをいくつ買いますか ? －3 つ買います」

21.4. **a**：動詞句、節、または文内容をうける。フランス語では le、イタリア語では lo と、隣接する他のロマンス語では補語人称代名詞男性単数形と同形であるが、コルシカ語では女性単数形と同形であることに注意。

Sai chè Luigi hè u fratellu di Petru ?－Iè, a sò. 「ルイージがペトルのお兄さん

- 26 -

だって知ってる? ―うん、知ってる」

　母音の前では a は l' になる : L'aghju fatta.「わたしはそのことをした」

　中性的な指示対象 (命題内容など) を代名詞化するときは、全般的に女性形 (と同じ形態の中性形) を用いる : Cum'ella vi pare.「あなたのお好きなように (してください)」

　その際、複数性がみとめられる場合は、女性複数形 (と同じ形態の中性複数形) を用いることがある : U vinu ùn dice nulla, ma e palesa tutte.「酒はなにも言わないが、すべてを曝露する」

　この後半の e＝tutte は、「すべてのこと」の意味であり、tutte cose「すべてのこと (ども)」という名詞句が下敷きになっていると考えてもよい。

21.5. これまでの例文でみたように、中性代名詞が文中で占める位置は、基本的には目的補語人称代名詞と同じである。目的補語人称代名詞と中性代名詞を併用するときは、目的補語人称代名詞が前、中性代名詞があとにくる。

　Li ne parlu dopu.「彼 (彼女、彼ら、彼女ら) にそれについてあとで話す」

　命令法、不定法、現在分詞のあとでは中性代名詞は接合される。しかし、いずれの場合も、動詞本体の強勢位置は変わらない : Pìglia. + ne ⇒ Pìgliane.「それを取りなさい」　pigliendu + ne ⇒ piglièndune「それを取るとき」

　接合の際、中性代名詞の直前に強勢がくるときは、中性代名詞のはじめの子音を 2 重にする : piglià + ne ⇒ piglianne「それを取ること」　pensà + ci ⇒ pensacci「それについて考えること」

　接合の際、目的補語人称代名詞と中性代名詞を併用するときは、目的補語人称代名詞が前、中性代名詞があとにおかれる : parlà + li + ne ⇒ parlalline「彼 (彼女、彼ら、彼女ら) にそれについて話すこと」　Date. + mi + ne ⇒ Dàtemine.「わたしにそれを (いくらか) ください」

　ただし、Piglia ne, pigliendu ne, piglià ne のような分かち書きもおこなわれている。

IX. 関係代名詞

§ 22. 関係代名詞 (prunomi relativi)

22.1. 2文の内容を1文につなぎ、代名詞と接続詞の機能をかねそなえる語を関係代名詞という。関係代名詞ではじまる節を関係節という。関係節の前にあり、関係節が修飾する語を先行詞という。無変化の関係代名詞として **chì**、**chè**、**induve**、性数変化する関係代名詞として **u quale** がある。

　場所を先行詞とする induve 以外、先行詞はひとでもものでもよい。

22.2. **chì** は関係節中の主語に対して用いられる：

A vittura chì vene hè a soia.「来た車は彼 (ら) の (彼女 (ら) の) ものだ」

先行詞を省略する場合、「～するひと」の意味になる：

Chì va pianu va sanu.「ゆっくり行くひとは健やかに行く」

22.3. **chè** は主語以外の格にひろく用いられる：

Manghja ciò chè tù voli.「きみのほしいものを食べなさい」(直接目的)

u ghjornu chè venerai「きみが来るだろう日」(時の状況補語)

　方言によっては chè が chì になるので、その場合はすべての格に対してひとつの形しかないことになる。

22.4. **induve** は場所の状況補語に対して用いられる：

Chera, ghjè u paese induve sò natu.「ケーラ、それはわたしが生まれた村だ」

　なお、induve の語頭の in- は発音しないことが多い。とくに、母音のあとでは必ず無音になる。

22.5. **u quale** は定冠詞＋疑問形容詞に由来し、先行詞にあわせてつぎのように性数変化する。基本的に前置詞のあとで用いられる。疑問詞の quale とちがって、先行詞はひとでもものでもよいが、書きことば的である。

	単数	複数
男性	**u quale**	**i quali**
女性	**a quale**	**e quali**

Hè l'omu di u quale t'aghju parlatu. (cf. parlà di...「...について話す」)

- 28 -

「それはわたしがきみに話した男だ」

U piralzu hè un àrburu di u quale e ràdiche sò assai ùtile à u mantenimentu è à a restaurazione di e sponde.

「ハンノキは、（その）根が海岸の維持・修復にたいへん便利な樹木である」

前置詞 per (pè), cù のあとでは定冠詞を落とす。

Hè u zitellu cù quale sò andata à a messa.

「わたしがいっしょにミサに行った男の子です」

u quale の単独 (前置詞なし) での使用は、どの名詞が先行詞かまぎらわしいときに、性数の一致によって確定できるという場合に限られる。

U fratellu di ista figlia, u quale hè studiante à l'Università di Corsica, abita in Corti.「このお嬢さんのお兄さんはコルシカ大学の学生で、コルティに住んでいる」(u quale が男性単数であることにより、先行詞が ista figlia ではなく u fratellu であることが明確になる)

---

paese, paisanu について

現代のコルシカでは、かつて山岳部に住んでいた住民の多くが就業のため沿岸部の都市にうつり住んできており、山岳部の村村の空洞化がすすんでいる。しかし、都市部に住んでいても、自身 (や、親) の出身地の村に強い帰属意識をもっており、空き家になっても保持しておいて、休暇の時期には村で家族や隣人と集まったりする。その際、都市から村にゆくことを単に cullà「登る」といい、村から都市にゆくことを単に falà「おりる」という。そうした帰属意識の軸としての郷里をとくに paese とよび、そこでつながりのあるひとびとを paisani (paisanu の複数形) とよぶ。

X. 疑問詞

§ 23. 疑問文 (frasa interrogativa)

「はい／いいえ」をたずねる疑問文を全体疑問文 (interrugazione tutale) という。本章で扱う疑問詞を用いる疑問文を部分疑問文 (interrugazione parziale) という。コルシカ語では、全体疑問文の語順は原則として平叙文と変わらない。

　Bonghjornu, và bè ? 「こんにちは、元気ですか ?」

　部分疑問文は疑問詞で文をはじめる。

　Induve stai ? 「どこにいるの ?」または「どこに住んでいるの ?」

§ 24. 疑問代名詞 (prunomi interrogativi)

24.1. 性数変化しないもの：**chì, chè, cosa, quale.**

・**chì** は「なに」に相当し、前置詞のあと以外のすべての格で用いる：

　Chì fate quì ? 「ここでなにをしているのですか」

　Chì hè què ? または Chì ghjè què ? 「これはなんですか」(què : cf.§ 13.2)

・**chè** は前置詞のあとで用いる：

　Di chè parlanu ? 「彼らはなにについて話しているのですか」

・**cosa** は「なに」をあらわし、話しことばで用いる：

　Cosa fanu i zitelli ? 「こどもたちはなにをしているのだろう」

・**quale** は「だれ」をあらわし、前置詞のあともふくむすべての格で用いる。イタリア語とちがって、ものをさすことができない：

　Quale hè ? または Qual'hè ? 「あれはだれですか」

　À quale pinsate ? 「だれのことを考えているのですか」

　Di quale ne site ? 「どこの家族出身ですか」

24.2. 性数変化するもの：**qualessu.**

　形容詞並みに性数変化し、「どれ」「どちら」「だれ」をあらわす。

　D'isti cappelli qualessu scegli ? 「これらの帽子のうち、どれをえらぶ ?」

　Qualessa serà a più bella di u paese ? 「村でいちばん美人なのはだれだろう」

- 30 -

§ 25. 疑問形容詞 (aggettivi interrogativi)

chì (無変化) を名詞の前におくと「なんの...?」の意味になる：

Chì ora hè ?「いまなん時ですか」

Chì paese hè quellu ?「あれはなに村ですか」

§ 26. 疑問副詞 (avverbii interrogativi)

疑問副詞はいずれも無変化である。

- **cumu**「どのように」

  Cumu site ? または Cumu state ?「ごきげんいかが」

- **induve, duve**「どこ」

  Induve stà ziu Antone ?「アントーネおじさんはどこに住んでいますか」

  induve の語頭の in- は発音しないことが多い。とくに、母音のあとでは必ず無音になる。

- **quandu**「いつ」

  Quandu finisce a scola ?「学校はいつ終わるの」

- **quantu**「いくつ、いくら」

  Quantu costa issa rota ?「このスカートはいくらですか」

  Quant'anni averà ?「彼 (彼女) は何歳だろう?」

- **perchè**「なぜ」

  Perchè serà andatu quallà ?「彼はなんであそこに行ったのだろう」

▲アヤッチュ港に碇泊する豪華客船 (著者撮影)

XI. 感嘆詞

§ 27. 感嘆文 (frasa esclamativa)

感嘆文は感情を強く表出する文である。感嘆文をつくる典型的手段は、以下にのべる感嘆詞を用いることである。感嘆詞は前章で扱った疑問詞と共通するものが多いが、独自のものもある。

§ 28. 感嘆形容詞 (aggettivi esclamativi)

- **chì**「なんという... !」疑問形容詞の chì と同様に無変化。

  Chì bella donna !「なんと美しい女性だろう !」

  Chì caldu !「なんという暑さだろう!」

- **quantu**「なんと多くの... !」性数変化する (-u, -a, -i, -e)。

  Quanta ricchezza !「なんたる豊かさ !」

- **tantu / pocu**「なんと多くの... !」性数変化する (-u, -a, -i, -e)。

  Tanti zitelli !「なんと多くの子どもたちだろう !」

  pocu は反語法 (irunia)。字義は「わずかな...」だが、実際の意味は正反対。

  Poca ghjente !「なんとわずかな (⇒多くの) 人びとだろう !」

§ 29. 感嘆副詞 (avverbii esclamativi)

感嘆副詞はいずれも無変化である。

- **cumu / cum'è** + 文 !「なんと... !」母音のまえでは cum' になる。

  Cum'ella parla bè !「彼女はなんとじょうずに話すのだろう !」

- **quantu / quant'è** + 文 !「なんと多く... !」母音のまえでは quant' になる。

  Quant'ellu manghja !「彼はなんと多く食べるのだろう !」

  Quant'ella dice !「彼女はなんとおしゃべりなんだろう !」

- **cusì** + 形容詞 !「こんなに / そんなに... !」

  Cusì luntanu !「こんなに遠いのか !」

XII. 副詞

§ 30. 副詞 (avverbii)

副詞には、つぎの 3 つの類型がある。

- 単純型の副詞：bè「よく」male「わるく」oghje「きょう」eri「きのう」quì「ここに」assai「とても」など
- 複合型の副詞：dapertuttu (← da+per+tuttu)「いたるところに」 almenu (← à+(l)u+menu)「すくなくとも」abbastanza (← à+bastanza)「かなり」 など
- 派生型の副詞：simplicemente「単純に」particularmente「特に」など

派生型の副詞は、原則として形容詞女性形に -mente をつけてつくる：

veru ⇒ veramente「本当に」sèmplice ⇒ simplicemente「単純に」

-le, -re でおわる形容詞は、-e をとって -mente をつける：

tutale ⇒ tutalmente「すっかり」particulare ⇒ particularmente「特に」

ただし、コルシカ語では、フランス語やイタリア語とくらべて、派生型の副詞の使用がすくない。派生型副詞を回避する方法として、つぎのようなものがある。

- 形容詞女性形をそのまま副詞として用いる：

A vi dicu franca (=francamente).「そのことをあなたに率直に言います」

(はじめの a は中性代名詞)

- 前置詞句を用いる：

Hà parlatu incù malizia.「彼は (彼女は) 悪意をもって話した」

なお、疑問文への応答に用いられる副詞 iè, sì, innò については § 31.2 を参照。

- 33 -

XIII. 否定

§ 31. 否定文 (frasa negativa)

31.1. 否定文をつくるには、動詞のまえに **ùn** をおく：

Ùn vogliu travaglià oghje.「きょうは働きたくない」

フランス語の ne...pas のように、否定に呼応する副詞を併用することもできる。その場合は、**ùn...micca** で動詞をはさむ：

Ùn facciu micca sport.「わたしはスポーツをしません」

元来 ùn...micca は強い否定 （「少しも...しない」） を意味したが、現在では ùn 単独の否定と同様に用いられる。

31.2. 全体疑問文への応答の副詞として、肯定の iè (発音は ié) と sì、否定の innò (発音は innó) がある。これらのうち、iè は先立つ対話者の発話をまるごと是認するはたらきがある (cf. 仏 tout à fait)。一方、sì は肯定と否定の対立がとりわけ焦点化されたときに用いられる。例：sì o innò「是か否か」、chè sì「そうだとも」(cf. 仏 mais oui, mais si)。つまり、フランス語の si よりコルシカ語の sì のほうが使用範囲が広く、後者がフランス語の oui に対応する場合もある。(とはいえ、iè がフランス語の oui に比せられるので、マテ・ジャーコモ・マルチェッレージは、フランスにおけるオイル語 langue d'oïl、オック語 langue d'oc の呼称にならって、コルシカ語をイェー語 langue d'ié とよんだ。)

肯定全体疑問文への応答には、iè / sì / innò のいずれかがもちいられる。

Andate in Bastia ? — Iè / Sì / Innò.

「バスティーアに行きますか？ — はい / はい / いいえ」

否定全体疑問文に応答するときは、日本語の「はい」が innò、「いいえ」が sì になる：Ùn fate micca sport ? — Innò / Sì.

「スポーツはしないのですか? ーはい (しません) / いいえ (します)」

31.3. さまざまな否定表現：

- **ùn...nulla** (nunda)「なにも...ない」

U vinu ùn dice nulla, ma e palesa tutte. 「酒はなにも言わないが、すべてを曝

- 34 -

露する」

- **ùn...nisunu** (nissunu, nimu)「だれも...ない」

Ùn ci hè nisunu (nimu) quì.「ここにはだれもいない」

- **nisunu** (nissunu) + 名詞「いかなる...もない」

Nisun'omu hè perfettu. 「どんな人間も完璧ではない」

最後の例では ùn は不要である。より一般的にいうと、動詞以前に出ることのできる否定語は ùn、またはその他の否定語、いずれかひとつだけであり、ùn と他の否定語を動詞以前で併用することはできない：

Nisunu (Nimu) hè perfettu. 「だれも完璧ではない」

- **ùn...mai**「決して...ない」

Ùn si ne sà mai troppu. 「ひとは知りすぎるということは決してない」

- **ùn...più**「もはや...ない」

Ùn si più un zitellu. 「きみはもう子どもではない」

パヂェッラ (paghjella)

　コルシカ音楽を代表するのは、パヂェッラとよばれるポリフォニー音楽である。パヂェッラ paghjella の語源は paghju (「対、ペアー」) であるが、語源からの予想とちがって、男声 3 重唱、または男声 3 部合唱である。まずバリトン (seconda)、つぎにバス (bassu)、最後にテノール (terza) が歌いはじめ、そろったところで理想的なハーモニーになるという約束ごとがある。元来は即興も可能な 8 拍×6 行の詩をうたうものであったが、現在ではより広義にこの名称を用いる場合もある。さらに、とくにパヂェッラを名のっていないコルシカ音楽にも、その影響は濃厚にみられ、ときにはフランス語による歌唱にもその技法が適用される。2009 年、UNESCO により無形文化財に指定された。若年層の島外流出が多く、世代間の口承による伝達が年々稀薄になってきているため、その生産性が危機に瀕しており、UNESCO も懸念を表明している。狭義でのパヂェッラは地域ごとに独特の伝承であり、これを保護することは大きな課題である。詳細については植野和子『魂のうたを追いかけて』(音楽之友社)、http://www.paghjella.com、http://www.unesco.org などを参照されたい。

XIV. 比較級と最上級

§ 32. 同等比較級 (cumparativu d'ugualità)

同等比較級は、比較対象とおなじ程度をあらわす形式である。

・形容詞・副詞 ＋ **cumu** (cum'è) / **quantu** (quant'è) ＋ 比較対象

Hè bella cumu (cum'è) a surella.「彼女はお姉さんとおなじくらい美しい」

比較対象にも形容詞・副詞をおくと、叙述どうしでの比較になる：

Hè bella quantu (quant'è) brava.「彼女は美しく、かつ親切だ」

不規則な同等比較級 grandu ⇒ **tamantu** (tamant'è)「おなじくらい大きい」

Hè tamantu (tamant'è) u fratellu.「かれは兄とおなじくらい大きい」

・cum'è, quant'è, tamant'è の è は、比較の前置詞のあとに任意に入れることのできる好音調のための母音 (vucale eufònica)。語源的には等位接続詞の è に由来する。強勢をになうことに注意。

§ 33. 優等・劣等比較級 (cumparativi di superiurità è d'inferiurità)

優等比較級はより高い程度を、劣等比較級はより低い程度をあらわす。

・優等比較級：**più** ＋ 形容詞・副詞 ＋ **chè** (cà) ＋ 比較対象

・劣等比較級：**menu** ＋ 形容詞・副詞 ＋ **chè** (cà) ＋ 比較対象

U mo zìu hè più vechju chè a mo zìa.「叔父は叔母より年上だ」

Hè menu curagiosu chè u babbu.「彼は父親ほど勇敢ではない」

più, menu を形容詞や副詞のあとにおいてもよい：

Hè curagiosu menu chè u babbu.「彼は父親ほど勇敢ではない」

比較対象にも形容詞・副詞をおくと、叙述どうしでの比較になる：

Hè più imprudente chè curagiosu.「彼は勇敢というより軽率だ」

不規則な優等比較級 bè ⇒ **megliu**「よりよく」; male ⇒ **peghju**「より悪く」

Hè megliu à ghjuccà chè à travaglià.「働くより遊ぶほうがよい」(bè / megliu は副詞であるが、繋辞 esse のあとではよく形容詞にかわって用いられる)

- 36 -

§ 34. 優等・劣等最上級 (superlativi di superiurità è d'inferiurità)

優等最上級はもっとも高い程度を、劣等最上級はもっとも低い程度をあらわす。

・優等最上級：定冠詞 ＋ 優等比較級 ＋ di ＋ 比較範囲

・劣等最上級：定冠詞 ＋ 劣等比較級 ＋ di ＋ 比較範囲

形容詞の最上級のとき、定冠詞を性数変化させる：

A Corsica hè a più bella ìsula di u mundu.「コルシカは世界一美しい島だ」

副詞の最上級のときは、定冠詞はつねに u：

Veni u più prestu pussibile. できるだけ早く来なさい。

名詞に後置される付加形容詞に対しては、つぎのようになる (フランス語の最上級とちがって、più, menu の直前で定冠詞をくりかえさないことに注意)：

A Corsica hè l'ìsula più bella di u mundu.「コルシカは世界一美しい島だ」

不規則な優等最上級：grandu ⇒ **màssimu**「もっとも大きい」; piccule ⇒ **mìnimu**「もっとも小さい」; bonu ⇒ **migliore** (migliò)「もっともよい」; gattivu ⇒ **pèssimu, pighjore** (pighjò)「もっとも悪い」

Hè a pighjore cosa chì ci possa accade.

「それがわれわれに起こりうる最悪のことだ」

§ 35. 絶対最上級 (superlativi assoluti)

ほかとの比較においてではなく、絶対的に高い程度をあらわす最上級を絶対最上級という。広義の絶対最上級は、強調の副詞 (bellu, assai, moltu, tuttu など、いずれも「とても」にあたる) もふくまれるが、文法的な手段としての絶対最上級は、形容詞・副詞のあとに -issimu をつけてつくる。形容詞の場合は、-ìssimu, -ìsima, -ìssimi, -ìssime と性数変化する：

bè ⇒ **binìssimu**「とてもよく」

bonu ⇒ **bunìssimu**「とてもよい」

bellu ⇒ **billìssimu**「とても美しい」

cuntentu ⇒ **cuntintìssimu**「とても満足な」

- 37 -

« Bandera Testa Mora »

コルシカの紋章として知られる「モール人の頭の旗」(Bandera Testa Mora, 左図) のもとになったのは、中世、十字軍のイスラームに対する「勝利」を表象してつくられた図案である (もちろん、十字軍は全体としては決して「勝利」していないが)。当初は、モール人に捕虜の扱いとしての目かくしをした図案であった。1745年、コルシカのジュワン・ペトル・ガッフォーリ将軍が、自由と明察性の象徴として、目かくしをはちまきのように額にあげる改変をほどこした。ガッフォーリの死後、あとをついで将軍になったパスクワーレ・パオリ (右写真：コルティ市内にあるパオリの全身像、著者撮影。なお、パオリについてはさらに78ページのかこみ記事も参照) が1762年、コルシカ議会での議決を経て、この旗を独立コルシカの国旗として採用した。フランスへの編入後は、ながらくこの旗に公的な地位があたえられることはなく、ようやく1980年になってから、コルシカ地方の旗として定められた。

XV. 前置詞

§ 36. 前置詞 (prepusizione)

広義の前置詞は、つぎの 2 つの類型にわけることができる。

- 単純前置詞 (1 語からなる前置詞、狭義の前置詞) :

à「...へ、に、で」, da「...から」, di「...の」, in「...の中に」, incù (= cù)「...とともに」, inde (=ind'è)「...の家で」, per (= pè)「...のために、によって」, trà (= frà)「...のあいだに」, senza「...なしで」, versu「...に向かって」など。

- 句前置詞 (2 語以上からなり、全体として前置詞のように機能する連辞) :

sopra à = sopr'à「...の上に」、sottu à = sott'à「...の下に」、in fondu à = in fond'à「...の奥に」、vicinu à = vicin'à「...のちかくに」、luntanu da「...から遠くに」、accantu à = accant'à「...のわきに」、in faccia à 「(空間的に) ...の前に」、dentru à = dentr'à「...の中に」、dopu à = dop'à「...のあとで」、innanzu à = innanz'à「(時間的に) ...より前に」、innanzu di = prima di「(時間的に) ...の前に」、sinu à = sin'à「...まで」、など。

以下では、おもな単純前置詞を個別にとりあげる。

§ 37. à

- 母音衝突をさけるため、一般に母音のまえでは à は ad になる。

A buttega era piana ad avà.「いままで店は満員だった」

しかし、定冠詞のまえでは母音衝突を回避しない。また、イタリア語、フランス語などとちがって、「前置詞＋定冠詞」の縮約形はない :

a caccia à u cignale「いのしし狩り」

- 方向、目的など (「...に、...へ」)

Da Bastìa ad Aiacciu, a strada hè gattiva.

「バスティーアからアヤッチュへは悪路だ」

Veni à manghjà stasera.「今夜食事をしにいらっしゃい」

- 時間 (「...に」)

Ghjunghjeremu à quindeci ore.「われわれは 15 時に到着するだろう」

・状況とのかかわり、状態など (「...に、...で」)

D'estate mi mettu à u sole.「夏にはわたしは太陽に身をさらす」

・虚辞的使用：元来、「...を」にあたる直接目的補語には前置詞をつけないが、ひとをあらわす名詞には例外的に à をつける。

Petru chjama à Pàulu. (cf. Petru chjama u so cane.)

「ペトルはパウルをよぶ」(cf.「ペトルは犬をよぶ」)

虚辞的な「à + ひと」を代名詞化するには、直接目的補語代名詞を使わず、「à + 強勢形」とする：

Petru chjama à ellu.「ペトルは彼をよぶ」

・à chì +関係節：「...するひとに関しては」という主題の表現。ことわざや固定表現でよくみられる：

À chì veghja à a luna, dorme à u sole.「月の下で夜なべするものは、太陽の下ではねむっている (なまけものの節句ばたらき)」

À chì vole compra.「ほしいひとは (だれでも) 買えます」

§ 38. da

・出発点、開始時 (「...から」)

Hè vinutu da Portivechju.「彼はポルティウェッキュから来た」

Da quellu ghjornu più nisunu l'hà vistu.「その日からだれも彼を見かけない」

・受動態などの行為者 (「...によって」)

Issa casa hè stata fatta da u missiavu.「その家は祖父によって建てられた」

・分離、区別 (「...から、...と」)

S'hè spiccata da u maritu.「彼女は夫とわかれた」

・資格 (「...として」) Ti dò un cunsigliu da amicu.「友だちとして忠告するよ」

§ 39. di

・所有、所属、関係など (「...の、...にかかわる」)

U vinu di Ghisunaccia hè savuritu.「ギズナッチャのワインは香りがよい」

Sò di Castagniccia.「わたしはカスタニッチャの者です」

・材質 (「...の、...でできた」) Hà messu i scarpi di coghju.「彼は革靴をはいた」

・時間 (「...に」) I sacci pinnuti si movenu di notte.「こうもりは夜中に動く」

・数量表現と名詞をつなぐ: una libra di pèveru「胡椒 1 リブラ」

・動詞のあとで別の動詞の不定法をみちびく:

Supongu di pudevvi aiutà.「あなたをお手伝いできると思います」

ただし、duvè, pudè, sapè, vulè は di を介することなく他の動詞の不定法を後続させることができる:

Mi dispiace, ma ùn possu vene.「申し訳ありませんが、うかがえません」

・動詞のあとで名詞、代名詞をみちびく:

Parlemu di tè.「わたしたちはきみの話をしている」

・前置詞のあとで trà di..., senza di... のように用いる。

trà di は代名詞のまえでのみ用いる: trà di noi「わたしたちの間で」

senza di... は名詞のまえでも使えるが、di がない場合と意味がちがう:

senza di u babbu「お父さんの同伴なしで」/ senza babbu「父 (てて) なし」

§40 . in

・in のあとに定冠詞がきたときは、in lu, in la, in li, in le とつづり、それぞれ [illu], [illa], [illi], [ille] と発音する: in li Santi「万聖節のころ」

・不定冠詞の前、istu, issu... の前では、ind' となる: ind'una volta「一度に」

・場所 (「...で、...のなかに」)

in Francia「フランスで / に」、in Còrsica「コルシカで / に」

in Parigi「パリで / に」、in Bastia「バスティーアで / に」

都市名のまえでは、à の使用も完全には排除されないが、in のほうがはるかに好まれる (フランス語との相違点)。

・時間 (「...の時期に」) in trè ghjorni「3 日間で」、in 2015「2015 年に」

・状態 (「...の状態で、...の状態に」)

- 41 -

Lasciàtemi dorme in santa pace !「わたしを静かに寝させてください !」

§ 41 . incù, cù

・incù とつづっても、語頭の in- は発音しない。

・強勢母音の前では incun, cun となる :

incun ella [強勢母音の前] / incù Antone [無強勢母音の前]

・随伴 (「...とともに」)

Aspèttami, vengu cù tè.「まって、ぼくもきみといっしょに行くよ」

・手段 (「...によって」)

Hà travagliatu incù arnesi.「彼 (彼女) は道具を使ってしごとをした」

・同時性 (「...とともに」)

Partiimu cù u sole.「われわれは日の出とともに出発した」

・状態、様態 (「...をもって」)

Pàulu travaglia cù attenzione.「パーウルは注意ぶかく仕事をする」

§ 42 . per, pè

・per, pè のどちらを用いてもかまわないが、母音形定冠詞の前では原則として pè を用いる (このときは、あえて母音衝突をきらわない) : pè u chjassu「小道を通って」。l' 形定冠詞の前では per を用いる : per l'onore「名誉のため」

・istu, issu... の前では per を用い、r と指示形容詞の i- をつづけて発音する。このとき、指示形容詞の i- を例外的に発音する :

Stai sempre per issu Parigi ?「あいかわらず [その] パリにいるの ?」

(場所をあらわす per issu... の特殊用法)

・フランス語の par / pour、スペイン語の por / para にあたる区別はなく、どちらにも per (pè)を用いる。

・経路 (「...を経て、...を通って」)

Semu passati per Ponte Leccia.「われわれはポンテ・レッチアを通っていった」

・目的・手段 (「...のために、...によって」)

- 42 -

Serai prontu pè u matrimoniu ?「結婚のための準備はできているの ?」

Hè ghjuntu pè u battellu.「彼は船で到着した」

・原因・理由 (「...から、...ゆえに」)

Dumandu per curiusità.「わたしは好奇心から質問している」

前置詞 cù の重複形

　前置詞 cù (incù) のあとで、南部では、cù mè のかわりに cù mecu、cù tè の
かわりに cù ticu、cù noi のかわりに cù noscu、cù voi のかわりに cù voscu とい
う、代名詞のあとでも前置詞をくりかえす形がある。mecu のたぐいは、ラテ
ン語で前置詞 cum を代名詞のあとにつけ、mecum などとしていた名残りで
あり、のちに cù を前にもつけるようになったものである。したがって、スペ
イン語の conmigo のたぐいと同類であるが、スペイン語 consigo に対応する形
はコルシカ語にはない。一方、じつはイタリア語にも、ルネサンス期までは
con meco などの形が存在していた。

度量衡

　18 世紀末のフランス革命期に、コルシカでもメートル法が採用された。そ
れ以前は、重量の単位にリブラ (科 libra, 仏 livre) を用いていた。たとえば
バスティーアでは 1 リブラが 327 グラムであったが、フランス各地で 1 リブラ
(1 リーヴル) が 380〜552 グラムと一定しなかった。また、フランス領になる
以前は、ローマ式、ジェノヴァ式、トスカーナ式の異なるリブラが用いられて
いた。メートル法導入で安定した単位ができたので、歓迎された。Eviva u chilò,
chè a libra passa è vene.「キロばんざい、リブラは変転きわまりないから」とい
うことわざがある。とはいえ、§39 の例文でもみたように、日常ではいまだに
リブラを用いることがある。メートル法のおもな単位はつぎのとおり。grammu
「グラム」、chilò (＝chilògrammu)「キログラム」、metru「メートル」、centìmetru
「センチメートル」、litru「リットル」。chilò と略してよいのは chilògrammu
だけで、chilòmetru などは略してはならない。

- 43 -

XVI. 接続詞

§ 43. 接続詞 (cunghjunzione)

43.1. 接続詞とは、文中でふたつの要素 (語句・節) をむすびつける語である。

43.2. ふたつの要素の間におかれ、それらを対等の資格でつなぐ接続詞を等位接続詞 (cunghjunzione di cuurdinazione) という。

　è, o, nè, chì, ma, dunque, eppoi, eppuru, ora, sia など。単音節の等位接続詞のうち、ma, o だけは無強勢である。したがって、それらの直後に交替子音字がくると、その子音は弱形 (⇒§ 5.1〜5.2.) になる：Petru o Paulu [p'ɛtruob'aulu]

　以下、おもな等位接続詞の用法を確認する。

・付加の等位接続詞：è「および」、eppoi (è poi)「それから」、nè...nè...「...でも...でもない」

　Ci hè da beie è da manghjà.「飲むものと食べるものがある」

　Ùn vogliu nè unu nè l'altru.「どちらも欲しくない」

・対立の等位接続詞：ma「しかし」、però「しかしながら」、eppuru「にもかかわらず」

　Hai a ragiò, ma i soldi ùn l'averai micca.

　「きみは正しいが、お金を手に入れることはできないだろう」

・選択の等位接続詞：o「あるいは」、sia...sia...「それとも」、ora....ora..., (à) quandu...(à) quandu...「あるときは...またあるときは...」

　Vinerà oghje o dumane.「彼 (彼女) はきょうか明日に来るだろう」

　Ora vocu à u cinemà, ora mi ne vò à spassighjà.

　「わたしは映画をみに行ったり、散歩に行ったりする」

・帰結の等位接続詞：dunque「それゆえ」

　Pensu, dunque sò.「われ思う、ゆえにわれあり」

43.3. 一方の節が他方の節のなかに組みこまれたり、補足したりするものとして示す接続詞を従属接続詞 (cunghjunzione di suburdinazione) という。前者の節を従属節 (prupusizione suburdinata) とよび、後者の節を主節 (prupusizione principale) とよぶ。従属接続詞は従属節のはじめにおかれる。

chè (chì), cume, quandu, sì および chè でおわる連語・複合語 (affinchè, benchè, dopu chè, mentre chè, perchè, per chè, postu chè, prima chè など)。

以下、おもな従属接続詞の用法を確認する。

・理由の従属接続詞：chè, chì「...だから」、cume, cum'è「...なので」、perchè「...だから」、postu chè「...であるからして (理由が既知)」

Vistitevi, chì face u fretu.「着込みなさい、寒いから」

Mi piantu perchè sò stancu.「疲れていたからわたしは止まった」

Postu chè tù a sai, dimila.「きみが知ってるんだから、言ってよ」

・比較の従属接続詞：cumu (cum'è), quantu (quant'è)「...と同じくらい」、chè (cà)「...より」⇒ XIV 章「比較」を参照。

・譲歩の従属接続詞：benchè (benchì)「...にもかかわらず」、almenu chè「...なければ」、malgratu chè「...にもかかわらず」

Hè vinutu bench'ellu sia malatu.「病気だったにもかかわらず彼は来た」

Ùn poi vene almenu chè tù ùn piglie l'aviò.

「飛行機にのらなければ来られません」

・仮定の従属接続詞：sè, sì「もし...なら」、à cundizione chè「...という条件で」、casumai「...の場合は」

À dumane sè Diu vole.「神の思し召しなら、またあした」

Casumai sì in ritardu, chjamami.

「万一遅れるようなことがあれば、電話をちょうだい」(casumai sì の sì は接続詞ではなく動詞 esse)

・目的の従属接続詞：affinchè, per chè「...するために」

Fideghja affinchè tù possa rifallu.「きみがまたできるように、よく見て」

・時間の従属接続詞：quandu, quand'è「...するとき」、prima chè「...するまえに」、dopu chè「...したあとで」、mentre chè「...しているあいだ」

Mi scriverai quandu averai u tempu.「時間のあるときに手紙をください」

Mentre ch'elli manghjavanu hè principiatu à piove.

- 45 -

「彼らが食事をしているあいだに、雨がふりだした」

Aghju da compie prima ch'ellu si cali u sole.

「太陽がしずむまえに終わらせる」

・補足節をみちびく従属接続詞 : chè (chì)「...ということ」、sè, sì「..かどうか」

Pensu chè oghje a lingua corsa hè in periculu.

「コルシカ語はこんにち、危機に瀕していると思う」

Ùn sò sì una ghjurnata bastara per fallu.

「それをするのに1日で足りるかどうかわからない」

なお、部分疑問文の疑問詞は、そのまま補足節をみちびく従属接続詞に転用できる：

Dimmi perchè ùn rispondi.「なんで返事をしないのか、言ってくれ」

アントワーヌ・ルイ・クリオーリと『イ・グリオーリ』

フランスを代表する言語学者アントワーヌ・キュリオリがコルシカ人であることはよく知られている (姓をコルシカ語ふうに発音するとクリオーリになる)。コルシカ語について書くときのみ、もうひとつの個人名を併記し、アントワーヌ・ルイ・クリオーリ Antoine Louis Culioli と名乗っている (連結型の個人名については§10を参照)。息子のガブリエル・グザヴィエ、孫娘のヴァンニーナにいたるまで3世代の家族を中心メンバーとする u Minò, u Maiò, u Maiori の辞書 (巻末文献案内参照) の編纂は一大事業であり、これらの辞書は「イ・グリオーリ」(i Culioli, クリオーリ家) という愛称が冠せられている。日本でも金田一家、大槻家のように、辞書編纂が家族累代の事業としてうけつがれている例があるのは、厖大な蓄積を要する仕事であることを示しているといえよう。

右写真 : u Minò と u Maiò (著者撮影)

XVII. 時制

§44. 動詞と時制 (verbi è tempi)

動詞は、叙法 (modu)、時制 (tempu)、態 (voce)、人称 (persona)、数 (numeru) に応じて形をかえる。これを活用 (cunghjugazione) という。

叙法については次章、態については次次章を参照。本章では直説法の各時制を扱う。時制とは、動詞のあらわす動作や状態が，時間のうえでどこに位置づけられるかを示すものである。

コルシカ語の時制は、単純時制 tempi sèmplice (動詞の語尾変化のみでつくられる) と複合時制 tempi compostu (助動詞を用いる) のいずれかにわかれる。単純時制と複合時制は、つぎの表のような1対1の対をつくる。表のなかでは、例として cantà「歌う」と vene「来る」の1人称単数形をかかげる。

単 純 時 制		複 合 時 制	
cantu vengu	直説法現在 (presente di l'indicativu)	aghju cantatu sò vinutu	直説法複合過去 (passatu compostu di l'indicativu)
cantava vinia	直説法半過去 (imperfettu di l'indicativu)	avia cantatu era vinutu	直説法大過去 (trapassatu di l'indicativu)
canteraghju vineraghju	直説法単純未来 (futuru semplice di l'indicativu)	averaghju cantatu seraghju vinutu	直説法前未来 (futuru anteriore di l'indicativu)
cantai vensi	直説法単純過去 (passatu semplice di l'indicativu)	ebbi cantatu fui vinutu	直説法前過去 (passatu anteriore di l'indicativu)
canteria vineria	条件法現在 (presente di u cundiziunale)	averia cantatu seria vinutu	条件法過去 (passatu di u cundiziunale)
canti veni	接続法現在 (presente di u sughjuntivu)	abbia cantatu sia vinutu	接続法過去 (passatu di u sughjuntivu)
cantessi vinessi	接続法半過去 (imperfettu di u sughjuntivu)	avessi cantatu fussi vinutu	接続法大過去 (trapassatu di u sughjuntivu)

- 47 -

それぞれの対で、単純時制と複合時制とは、つぎのような関係にある。

・形のうえで：対応する単純時制を助動詞に使うと複合時制になる。

・意味のうえで：複合時制は、対応する単純時制からみた過去や完了をあらわす。

§45. 活用の類型 (tippi di cunghjugazione)

動詞の活用していない形を不定法 (infinitivu) という。辞書や活用表の見出し語は不定法である。コルシカ語の動詞の活用パターンは、不定法語尾とのかかわりで、下記の4つの類型にわかれる。はじめの3つは不定法が截語 (語末に強勢がおかれる) であり、これらを非語根強勢動詞 (verbi arizutònichi) とよぶ。最後のひとつは不定法が平語 (語末から2番めの音節、すなわち「語根」に強勢がある) であり、これを語根強勢動詞 (verbi rizutònichi) とよぶ。なお、不定法が1音節の動詞 (dà, fà, stà, dì など) はかならずその音節に強勢をもち、名目上の非語根強勢動詞として扱われる (このため、むしろ「語末強勢動詞」とよびたいところであるが、ここではコルシカ語の用語慣用にしたがう)。

・第1群：不定法語尾 **à**　(例：cantà「歌う」)

・第2群：不定法語尾 **è**　(例：avè「もつ」)　}　非語根強勢動詞

・第3群：不定法語尾 **ì**　(例：finì「終わる、終える」)

・第4群：不定法語尾 e　(例：dorme「ねむる」)　}　語根強勢動詞

少数の不規則動詞のみが属する第2群以外は、それぞれの活用パターンのなかに、規則活用と不規則活用の動詞がふくまれる。不規則活用は、原則として動詞ごとに活用がことなるが、不規則活用相互でも類似点は多い。

§46. 直説法現在 (presente di l'indicativu)

46.1. 形式

以下で活用形を示すときは、単数1, 2, 3人称、複数1, 2, 3人称の順とする。直接法現在がもっとも基礎的な形式なので、この節でのべることを、他の時制に関する節で前提として用いる。

- 48 -

46.1.1. 第 1 群動詞

46.1.1.1. 規則活用：−u, −i, −a, −emu, −ate, −anu と語尾を交替させる。3 人称複数で活用語尾の前の音節に強勢があることに注意。

例：**cantà**「歌う」: cantu, canti, canta, cantemu, cantate, càntanu

この活用パターンに属する動詞がもっとも多く、もっとも生産的な類である。たとえば、新語の動詞はこの類に属する。

46.1.1.2. 不規則活用：接中辞 (infixu) があらわれる動詞がある。

dà「与える」: dò (docu), dai, dà, demu, date, danu

fà「する、作る」: facciu, faci, face, femu, fate, fàcenu (fanu)

stà「とどまる」: stò (stocu), stai, stà, stemu, state, stanu

・andà は、歴史的にことなる動詞の混成のため、大幅な不規則である。

andà「行く」: vò (vocu), vai, và, andemu, andate, vanu

・1 人称単数で支えの子音 -g- を挿入する動詞：

falà「降りる」: falgu, fali, fala, falemu, falate, fàlanu

同様の活用をする動詞：amparà (imparà)「学ぶ」, ghjurà「誓う」, minà「打つ」。ただし、amparà (imparà) は amparu (imparu) という規則的な形もある。

・イヂンク動詞 (verbi ighjinchi)：一部の人称・数で接尾辞 -eghj- があらわれる。接尾辞挿入には、派生語の名詞とまぎらわしい形 (たとえば、càlculu「計算」、dùbbitu「疑い」) を回避するなどの理由がある。直説法現在では単数のすべての人称、複数の 3 人称に -eghj- を入れる。

calculà「計算する」: calculeghju, calculeghji, calculeghja, calculemu, calculate, calculèghjanu

イヂンク動詞にはつぎのようなものがある：cuntinuà「つづける」, dubbità「うたがう」ghjudicà「判断する」, liticà「叱る」, merità「値する」, numinà「名ざす」, participà「参加する」, sminticà「忘れる」

46.1.2. 第 2 群動詞

さきにのべたように、第 2 群はすべて不規則活用である。

avè「もつ」: aghju, hai, hà, avemu, avete, hanu

duvè「...すべきである」: devu, devi, deve, duvemu, duvete, dèvenu

parè「現れる、...に見える」: pargu, pari, pare, paremu, parite, pàrenu

pudè「...できる」: possu, poi, pò, pudemu, pudete, ponu

sapè「知る」: sò, sai, sà, sapemu, sapete, sanu

vulè「欲する」: vogliu, voli, vole, vulemu, vulete, vòlenu

46.1.3. 第 3 群動詞

46.1.3.1. 規則活用：この類の動詞は、dì「言う」を除いてすべて、多くの人称・数 (直説法現在では単数のすべての人称、複数の 3 人称) でラテン語の起動相記号素に由来する接尾辞 -isc- をはさむ。このタイプの動詞を (46.1.1.2 節のイヂンク動詞との対比で) イシンク動詞 (verbi iscinchi) という。不定法にも、-ì のほかに -isce 語尾の変異体がある (たとえば finì は finisce と言ってもよい)。

－iscu, －isci, －isce, －imu, －ite, －ìscenu と語尾を交替させる。

例：**finì (finisce)**「終わる、終える」: finiscu, finisci, finisce, finimu, finite, finìscenu

46.1.3.2. 不規則活用：

dì「言う」: dicu, dici, dice, dimu, dite, dìcenu

46.1.4. 第 4 群動詞 (語根強勢動詞)

46.1.4.1. 規則活用：crede 型と dorme 型のふたとおりがある。

・crede 型：－u, －i, －e, －emu, －ete, ⌢enu と語尾を交替させる。

例：**crede**「信じる」: credu, credi, crede, cridemu, cridete, crèdenu

crede 型のおもな動詞：accunsente「同意する」, batte「打つ」, empie「満たす」, parte「出発する」など

・dorme 型：－u, －i, －e, －emu, －ite, ⌢enu と語尾を交替させる。

例：**dorme**「ねむる」: dormu, dormi, dorme, durmemu, durmite, dòrmenu

dorme 型のおもな動詞：arruste「焼く」, bolle「はねる」, cosge「縫う」, fughje「にげる」など

46.1.4.2. 不規則活用：

beie「飲む」: beiu, bei, beie, biimu, biite, bèienu

esse「(...で) ある」: sò, sì, hè, simu, site, sò (全面的な不規則。なお、3 人称単数の強形 ghjè を用いることもある。主語をうけなおし、「それは...」という意味になる : U mo paese, ghjè Còrsica.「わが故郷、それはコルシカだ」)

more「死ぬ」: morgu, mori, more, muremu, murite, mòrenu

pone「置く」: pongu, poni, pone, punemu, punite, pònenu

risponde「答える」: rispongu, rispondi, risponde, rispondemu, rispondite, rispòndenu

vede「みる」: vecu, vedi, vede, videmu, vidite, vèdenu

vene「来る」: vengu, veni, vene, vinimu, vinite, vènenu (tene「保つ」も同じ活用)

46.2. おもな用法

・現在起きていること、進行中のことを示す :

Petru leghje u ghjurnale.「ペトルは新聞を読んでいる」

・現在有効な習慣を示す :

Maria pranza à meziounu.「マリーアは正午に昼食をとる」

・不変の真理を示す :

A terra gira intornu à u sole.「地球は太陽のまわりをまわっている」

・近い過去、近い未来を示す :

Ghjunghju inde tè in un mumentu.「もうすぐきみの家につくよ」

§ 47. 直説法複合過去 (passatu compostu (o quancianu) di l'indicativu)

47.1. 形式

・助動詞 (**avè** または **esse**) の現在＋過去分詞

過去分詞の形式については § 63 を参照。

助動詞としては、大多数の動詞で avè を用いる。とくに、他動詞はすべて avè を助動詞とする。

例 : **parlà**「話す」: aghju parlatu, hai parlatu, hà parlatu, avemu parlatu, avete parlatu, hanu parlatu

- 51 -

つぎのような動詞では助動詞に esse を用いる。再帰動詞以外は、自動詞のうちの一部である (フランス語で être を用いる動詞より多いことに注意)：

・移動をあらわす動詞：andà「行く」, vene「来る」, parte「出発する」, ghjunghje「到着する」, entre「入る」, sorte「出る」, cullà「のぼる」, falà「おりる」, corre「走る」, sguillà「滑る」, passà「通る」, riturnà「もどる」など

・状態、持続をあらわす動詞：esse「ある」, esiste「存在する」, durà「つづく」, custà「費用がかかる」, bastà「足りる」, (ar)restà「とどまる」など

・出没、生成をあらわす動詞：nasce「生まれる」, more「死ぬ」, apparì「現れる」, sparì「消える」, cambià「変わる」, diventà「なる」, ingrandà「大きくなる」, invichjà「年をとる」, maturà「熟する」など

・すべての再帰動詞：lavassi「(自分を) 洗う」, spicciassi「急ぐ」, mòvesi「動く」, scuntrassi「(たがいに) 出あう」など

・大部分の非人称動詞：piove「雨がふる」, nivà「雪がふる」, tunà「雷がなる」, parè「...ようだ」, bisugnà「必要である、...しなければならない」など

例：**andà**「行く」：sò andatu(a), sì andatu(a), hè andatu(a), simu andati(e), site andatu(a, i, e), sò andati(e)

このとき、過去分詞は主語に性数一致する (上記の活用では、性数変化を (　) で示した。voi の活用では、ひとりの相手に尊敬の意味で用いているときは過去分詞を単数形にする)。

助動詞の使いわけは、複合過去にかぎらず、すべての複合時制に共通。

みじかく、常用される副詞は、助動詞と過去分詞のあいだに入る：

Hà prestu fattu un piattu.「彼 (彼女) はすばやく料理を作った」

ùn...micca, nulla など、2 語による否定のときは、助動詞のみを 2 語ではさむ語順になる：

Ùn hè mai turnatu in paese.「彼は決して故郷にもどらなかった」

・上記で言及した過去分詞の性数一致は助動詞が esse の場合に主語と一致させるものであったが、助動詞が avè のときも例外的に過去分詞を直接目的補語に一致させることがある。直接目的補語が動詞より前にきていて、その補語が

mi, ti, ci, vi 以外のとき (この条件がフランス語とはちがう)、過去分詞は直接目的補語に一致する。

T'aghju vistu entre.「きみ (男性でも女性でも) が入るのをみた」

L'aghju visti entre.「彼ら (男性複数) が入るのをみた」

また、イタリア語とちがって、中性代名詞 ne に一致させることはない。

47.2. おもな用法

・なされた行為の結果が現在まで残存していることを示す (完了用法)：

Pàulu hè partutu.「パウルは行ってしまった (ので、今はいない)」

・物語以外の文章や話しことばで、過去になされた行為や、完了的にとらえなおされた状態を示す (過去用法)：

Eri aghju vistu Maria.「きのうマリーアに会った」

Ci hè statu un accidente stradale quallà.「あそこで交通事故があった」

§ 48. 直説法半過去 (imperfettu di l'indicativu)

48.1. 形式

48.1.1. 第 1 群動詞：－ava, －avi, －ava, －àvamu, －àvate, －àvanu と語尾を交替させる。複数各人称で強勢が滑語位置に移動することに注意。

例：**cantà**「歌う」: cantava, cantavi, cantava, cantàvamu, cantàvate, cantàvanu

dà「あたえる」: dava, davi, dava, dàvamu, dàvate, dàvanu

stà「とどまる」: stava, stavi, stava, stàvamu, stàvate, stàvanu

48.1.2. その他の動詞：－ìa, －ìi, －ìa, －ìamu, －ìate, －ìanu と語尾を交替させる。複数各人称で強勢が滑語位置に移動することに注意。

例：**avè**「もつ」: avìa, avìi, avìa, avìamu, avìate, avìanu

第 1 群動詞でも、fà は不規則に -ia, -ia... 語尾をとる (古形 facere の名残り)：

例：**fà**「作る」: facìa, facìi, facìa, facìamu, facìate, facìanu

48.1.3. 真に不規則な活用をするのは esse のみである：

esse「ある」 : era, eri, era, èramu, èrate, èranu

- 53 -

48.2. おもな用法

・複合過去がすでに完了したととらえられる事態 (完了相) をあらわすのと対照的に、半過去は過去の状態、進行、習慣などをその途中でとらえていること (未完了相) をあらわす。

　Quandu sò natu, u mo babbu travagliava in una sucetà d'assicuranze.
　「ぼくが生まれたとき、父は保険会社で働いていた」

Tempi fà, eiu andava spessu à vede un filmu à u cinemà.
「かつては、わたしはよく映画館に映画を見にいったものだ」

・間接話法の補足節において、「過去からみた現在」をあらわす:

Mi disse ch'era malatu. (cf. 直接話法では　Mi disse : « Sò malatu. »)
「彼はわたしに自分は病気だと言った」

最後の例で、かっこ内に示した直接話法では現在だった動詞が、間接話法の補足節にとりこまれることによって半過去に変わっている。このような時制の変化を、時制の照応 (cuncurdanza di i tempi) という。

§ 49. 直説法大過去 (trapassatu (o più chè perfettu) di l'indicativu)

49.1. 形式

・助動詞 (avè または esse) の半過去＋過去分詞

例：**cantà**「歌う」: avìa cantatu, avìi cantatu, avìa cantatu, avìamu cantatu, avìate cantatu, avìanu cantatu

　andà「行く」: era andatu(a), eri andatu(a), era andatu(a), èramu andati(e), èrate andatu(a, i, e), èranu andati(e)

　助動詞の選択、副詞や否定語の語順は複合過去と同様。

49.2. おもな用法

・過去のある時点ですでに完了していたできごとや状態をあらわす:

Quandu sò ghjuntu à a stazione, u trenu era dighjà partutu.
わたしが駅に着いたときには，電車はもう出ていた．

era partutu　　sò ghjuntu　　　　現在

・時制の照応により、従属節において「過去からみた過去」をあらわす。
Mi disse ch'era statu malatu. (cf. 直接話法 Mi disse : « Sò statu malatu. »)
「彼はわたしに自分は病気だったと言った」

§ 50. 直説法単純未来 (futuru sèmplice di l'indicativu)
50.1. 形式
50.1.1. 規則活用

本節では、単純未来の活用が規則的であるものを「規則活用」とよぶ。活用語尾は不規則活用もふくめてすべての動詞に共通で、－**raghju,** －**rai,** －**rà,** －**remu,** －**rete,** －**ranu** と交替させる。

第1群動詞では、不定法末尾の母音 -à を -e にかえてから上記の語尾をつける。

例：**cantà**「歌う」: canteraghju, canterai, canterà, canteremu, canterete, canteranu

第 2, 4 群動詞では、不定法末尾の母音 (強勢は外す) のあとに上記の語尾をつける。

例：**avè**「もつ」: averaghju, averai, averà, averemu, averete, averanu
　　pudè「できる」: puderaghju, puderai, puderà, puderemu, puderete, puderanu
　　dorme「ねむる」: durmeraghju, durmerai, durmerà, durmeremu, durmerete, durmeranu

第 3 群 (イシンク動詞) では、-isce つきの不定法のあとに上記語尾をつける。

例：**finì (finisce)**「終わる、終える」: finisceraghju, finiscerai, finiscerà, finisceremu, finiscerete, finisceranu

50.1.2. 不規則活用

つぎの動詞では、語幹部分が不規則である：

dà「与える」: daraghju, darai, darà, daremu, darete, daranu

dì「言う」: diceraghju, dicerai, dicerà, diceremu, dicerete, diceranu

fà「作る」: faraghju, farai, farà, faremu, farete, faranu

esse「ある」: seraghju, serai, serà, seremu, serete, seranu

イタリア語、フランス語にくらべ、単純未来 (語幹) の不規則活用ははるかに少ない。

50.2. おもな用法

・未来に起きるであろうできごとや状態をあらわす。可能性の高低はさまざま。

Ghjunghjeremu à Bastia à ott'ore.

「われわれは 8 時にバスティーアに着くだろう」

Dumane serà luni.「明日は月曜だ」

・直接には知ることのできない現在の状況に対する推量をあらわす：

Paulu ùn hè vinutu. Serà malatu.「パウルは来ていない。病気なのだろう」

・2 人称で軽い命令をあらわすことがある：

Farete prestu.「急いでください」

・1 人称で話者の意思をあらわすことができる：

Ci pinseraghju eiu.「それはわたしが担当します (直訳：わたしがそのことを考えます)」

・話しことばでは単純未来にかえて迂言形 avè da + 不定法 (§ 64.2.2) を多く用いる。

§ 51. 直説法前未来 (futuru anteriore di l'indicativu)

51.1. 形式

・助動詞 (avè または esse) の単純未来＋過去分詞

例：**cantà**「歌う」: averaghju cantatu, averai cantatu, averà cantatu, averemu cantatu, averete cantatu, averanu cantatu

andà「行く」: seraghju andatu(a), serai andatu(a), serà andatu(a), seremu andati(e), serate andatu(a, i, e), seranu andati(e)

- 56 -

51.2. おもな用法
- 未来のある時点からみて完了しているはずのできごとや状態をあらわす。

 Vineraghju à vèdeti quand'averaghju finitu u mo travagliu.
 「仕事をおわらせたらきみに会いに行くよ」

- 現在完了しているはずのできごとや状態に対する推量をあらわす。

 M'averete capitu.「わたしのいうことが(すでに)お分かりになったでしょう」

§ 52. 直説法単純過去 (passatu sèmplice (o landanu) di l'indicativu)
52.1. 形式
直説法単純過去は、全時制のなかでもっとも不規則活用が多い。
52.1.1. 第1群動詞
52.1.1.1. 規則活用：－ai, －asti, －ò, －àimu, －aste, －onu
例：**cantà**「歌う」：cantai, cantasti, cantò, cantàimu, cantaste, cantonu
　　andà「行く」：andai, andasti, andò, andàimu, andaste, andonu
52.1.1.2. 不規則活用：
　　dà「与える」：detu, desti, dete, dètimu, deste, dètenu
　　fà「作る」：feci, facesti, fece, fècimu, faceste, fècenu
　　stà「とどまる」：stetu, stesti, stete, stètimu, steste, stètenu
52.1.2. 第2群動詞（不規則活用）
　　avè「もつ」：ebbi, avesti, ebbe, èbbimu, aveste, èbbenu
　　duvè「すべきである」：duvìi, duvisti, duvì, duvìimu, duviste, duvìnu
　　parè「現れる、...に見える」：parìi, paristi, parì, parìimu, pariste, parinu
　　pudè「できる」：pudii, pudisti, pudì, pudìimu, pudiste, pudìnu
　　sapè「知る」：sappi, sapesti, sappe, sàppimu, sapeste, sàppenu
　　valè「値する」：valsi, valisti, valse, vàlsimu, valiste, vàlsenu
　　vulè「欲する」：volsi, vulisti, volse, vòlsimu, vuliste, vòlsenu

- 57 -

52.1.3. 第 3 群動詞 (イシンク動詞)、第 4 群動詞 (語根強勢動詞)

52.1.3.1. 規則活用は第 3、4 群共通：－**ii,** －**isti,** －**ì,** －**iimu,** －**iste,** －**inu**

例：**finì**「終わる、終える」: finìi, finisti, finì, finìimu, finiste, fininu

　crede「信じる」: cridìi, cridisti, cridì, cridìimu, cridiste, cridinu

　durme「ねむる」: durmìi, durmisti, durmì, durmìimu, durmiste, durminu

52.1.3.2. 不規則活用

52.1.3.2.1. 第 3 群動詞：

　custruì「建設する」: custrusi, custruisti, custruse, custrùssimu, custruiste, custrùssenu

　dì「言う」: dissi, dicisti, disse, dìssimu, diciste, dìssenu

52.1.3.2.2. 第 4 群動詞：

　chjode「閉じる」: chjosi, chjudisti, chjose, chjòsimu, chjudiste, chjòsenu

　coce「(料理で) 加熱する」: cossi, cucisti, cosse, còssimu, cuciste, còssenu

　esse「ある」: fui, fusti, fù, fùimu, fuste, funu

　ghjunghje「到着する」: ghjunsi, ghjunghjisti, ghjunse, ghjùnsimu, ghjunghjiste, ghjùnsenu

　mette「置く」: messi, mittisti, messe, mèssimu, mittiste, mèssenu

　more「死ぬ」: morsi, muristi, morse, mòrsimu, muriste, mòrsenu

　perde「失う」: persi, pirdisti, perse, pèrsimu, pirdiste, pèrsenu

　pone「置く」: posi, punisti, pose, pòsimu, puniste, pòsenu

　risponde「答える」: risposi, rispondisti, rispose, rispòsimu, rispondiste, rispòsenu

　sceglie「えらぶ」: scelsi, sciglisti, scelse, scèlsimu, scigliste, scèlsenu

　vene「来る」: vensi, venisti, vense, vènsimu, veniste, vènsenu

　vince「勝つ」: vinsi, vincisti, vinse, vìnsimu, vinciste, vìnsenu

52.2. おもな用法

　語り (raconti) のテクストで用いられる過去時制。つづけざまに使われることで、継起するできごとを示すとともに、物語の筋を進展させる。使用される

テクスト類型がかぎられているため、使用頻度は低い。

Anton Francescu Filippini **fù** urfanellu di guerra à l'età di sei anni. **Fece** i so studii in Bastia, eppò dopu in Italia induve **si stallò**. Incù una tesa nant'à Napulione è Pozzo di Borgo, **diventò** Duttore in scienze pulitiche.

「アントン・フランチェスク・フィリッピーニは 6 歳にして戦争孤児に<u>なった</u>。バスティーア、のちにイタリアで修<u>学した</u>。そして、イタリアに<u>定住した</u>。ナポレオンとポッゾ・ディ・ボルゴに関する論文で政治学博士に<u>なった</u>」

§ 53. 直説法前過去 (passatu anteriore di l'indicativu)

53.1. 形式

・助動詞 (**avè** または **esse**) の単純過去＋過去分詞

例：**cantà**「歌う」: ebbi cantatu, avesti cantatu, ebbe cantatu, èbbimu cantatu, aveste cantatu, èbbenu cantatu

andà「行く」: fui andatu(a), fusti andatu(a), fù andatu(a), fùimu andati(e), fuste andatu(a, i, e), funu andati(e)

53.2. おもな用法

過去からみた過去をあらわすことは大過去と同様であるが、前過去はとくに直前の完了、あるいは急速な完了をあらわす。単純過去と同様に文語的である。

Dopu ch'ellu ebbe manghjatu, e forze li turnonu. (*Atti di l'Apòstuli*, § 9.19)

「食事をするとすぐに、活力が彼にもどってきた」(使徒言行録 9 章 19 節)

Google 翻訳にコルシカ語が登場

2016 年 2 月、Google 翻訳（ http://translate.google.co.jp/ ）の対象言語にコルシカ語がくわわった。フランスの地方言語が Google 翻訳に登場するのはコルシカ語が最初である。ただし、まだ試行段階にあり、翻訳の精度にはなお多くの課題がある。

XVIII. 叙法

§ 54. 叙法 (modu)

　叙法とは、話者が、動詞のあらわす動作や状態をどのように判断しているかを示すわく組みである。各叙法の機能は、おおよそ以下のようになっている。

・不定法 (infinitivu) は、語彙としての動詞を代表する叙法であり、辞書の見出し語にもなる。

・直説法 (indicativu) は，事実をありのままにのべる叙法である．

・接続法 (sughjuntivu) は、断定をさけ、単に考えられたことがらとしてのべる叙法である。

・条件法 (cundiziunale) は、一定の条件のもとにおかれた帰結としてのべる叙法である。

・命令法 (imperativu) は、命令、依頼、勧誘をあらわす叙法である。

・さらに、分詞法 (modu participiale) と称して、分詞類も叙法と認める場合がある。

　以下では、前章でみた直説法以外を詳細に扱う。

§ 55. 接続法現在 (presente di u sughjuntivu)

55.1. 形式

　以下では紙幅の都合でいずれの動詞についても動詞本体の活用形のみを示すが、接続法は接続詞 chè 以下で用いることが多いので、接続法の活用形は、ch'o canti, chè tù canti, ch'ellu canti, chè no càntimu, chè vo càntite, ch'elli càntinu のように、「chè＋主語人称代名詞＋活用形」のまとまりでとなえる慣習がある (接続法現在にかぎらず、すべての時制について同様)。接続法では、とくに単数で活用形の変化がとぼしいので、主語代名詞があらわれることが多い。また、そのとき、eiu ⇒ o, noi ⇒ no, voi ⇒ vo のように代名詞を短縮する。

- 60 -

55.1.1. 規則活用：第 1 群、第 4 群では、**—i, —i, —i, ⁻imu, ⁻ite, ⁻inu** と語尾を交替させる。複数ではすべての人称で活用語尾の前の音節に強勢があることに注意。

例：**cantà**「歌う」: canti, canti, canti, càntimu, càntite, càntinu

crede「信じる」: credi, credi, credi, crèdimu, crèdite, crèdinu

dorme「ねむる」: dormi, dormi, dormi, dòrmimu, dòrmite, dòrminu

第 3 群 (イシンク動詞 verbi iscinchi) では全面的に -isc- を入れて、**—isca, —isca, —isca, —ìscamu, —ìscate, —ìscanu** と語尾を交替させる。

例：**finì (finisce)**「終わる、終える」: finisca, finisca, finisca, finìscamu, finìscate, finìscanu

55.1.2. 不規則活用

55.1.2.1. 第 1 群動詞の不規則

andà「行く」: vachi, vachi, vachi, vàchimu, vàchite, vàchinu

dà「与える」: dìa, dìa, dìa, dìamu, dìate, dìanu

fà「する、作る」: faccia, faccia, faccia, fàcciamu, fàcciate, fàccianu

stà「とどまる」: stìa, stìa, stìa, stìamu, stìate, stìanu

・イヂンク動詞 (verbi ighjinchi) では全面的に -eghj- を入れる。

calculà「計算する」: calculeghji, calculeghji, calculeghji, calculèghjimu, calculèghjite, calculèghjinu

・falà 型活用では全面的に -gh- を入れる (直説法では -g- を入れていたが、-i の前なのでこれが -gh- に変わる)。

falà「降りる」: falghi, falghi, falghi, fàlghimu, fàlghite, fàlghinu

55.1.2.2. 第 2 群動詞 (すべて不規則)

avè「もつ」: abbia, abbia, abbia, àbbiamu, àbbiate, àbbianu

duvè「...すべきである」: devi, devi, devi, dèvimu, dèvite, dèvinu

parè「現れる、...に見える」: pari, pari, pari, pàrimu, pàrite, pàrinu

pudè「...できる」: possa, possa, possa, pòssamu, pòssate, pòssanu

sapè「知る」: sappia, sappia, sappia, sàppiamu, sàppiate, sàppianu

- 61 -

vulè「欲する」: voglia, voglia, voglia, vògliamu, vògliate, vòglianu

55.1.2.3. 第 3 群動詞の不規則

dì「言う」: dica, dica, dica, dìcamu, dìcate, dìcanu

55.1.2.4. 第 4 群動詞の不規則

beie「飲む」: bei, bei, bei, bèimu, bèite, bèinu

esse「(...で) ある」: sìa, sìa, sìa, sìamu, sìate, sìanu

more「死ぬ」: morghi, morghi, morghi, mòrghimu, mòrghite, mòrghinu

pone「置く」: ponghi, ponghi, ponghi, pònghimu, pònghite, pònghinu (poni, poni, poni... と規則活用させる場合もある)

risponde「答える」: rispondi, rispondi, rispondi, rispòndimu, rispòndite, rispòndinu

vede「みる」: vechi, vechi, vechi, vèchimu, vèchite, vèchinu

vene「来る」: venghi, venghi, venghi, vènghimu, vènghite, vènghinu (tene「保つ」も同じ活用。ただし、veni, veni, veni... ; teni, teni, teni... と規則活用させる場合もある)

55.2. おもな用法

55.2.1. 名詞節内での用法：主節が願望、判断、疑念、否定などをあらわすとき、「〜こと」の意味の chè... 補足節内で用いる。

Spergu chè vènghite à vèdeci. 「わたしたちに会いに来てほしいです」

Mi pare chè ci sia calchì omu culà. 「中にだれかいるような気がする」

Dubbiteghju ch'ellu venga. 「彼が来ないのではないかと疑う」

Ùn pensu micca chè vo sìate in ritardu. 「あなたが遅れたとは思わない」

55.2.2. 形容詞節 (関係節) 内での用法：先行詞が最上級や唯一的な表現のとき、あるいは関係節の意味内容が願望、疑念、否定などであるとき。

Hè a migliore suluzione chè no pòssamu truvà.

「それはわれわれの見つけうる最良の解決策だ」

Oghje hè u solu ghjornu di riposu ch'o abbia ist'etima.

「きょうは今週わたしにある唯一の休みの日です」

Cercu qualchissia chè m'aiuti.

「だれか手つだってくれるひとをさがいています」

55.2.3. 副詞節内での用法：つぎのような連語的接続詞につづく従属節中で。

期限：prima chè「...するまえに」　avanti chè「...するまえに」

目的：per chè「...するために」　affinchè「...するために」

条件：à pattu chè「...するなら」　abbasta chè「...しさえすれば」

譲歩：benchè「...であっても」　malgratu chè「...であっても」

否定：senza chè「...せずに」　almenu chè「...でなければ」

Vi chjamaraghju prima chè vo pàrtite.「あなたが出発する前に電話します」

Sò vinuti bench'elli sìanu malati.「病気だったにもかかわらず彼らは来た」

Face istu travagliu senza chè nisunu u sculunni.

「彼はだれにも気づかれずにこのしごとをする」

55.2.4. 独立節内での用法：祈願、巫呪をあらわす。

Chè a so anima trovi a felicità.「彼の魂が幸福を見つけますように」

Cusì sìa !「かくあれかし」(＝Amen !)

§ 56. 接続法過去 (passatu di u sughjuntivu)

56.1. 形式

助動詞 (avè または esse) の接続法現在＋過去分詞

例：**cantà**「歌う」：abbia cantatu, abbia cantatu, abbia cantatu, àbbiamu cantatu, àbbiate cantatu, àbbianu cantatu

andà「行く」：sìa andatu(a), sìa andatu(a), sìa andatu(a), sìamu andati(e), sìate andatu(a, i, e), sìanu andati(e)

56.2. おもな用法

主節が現在のとき、接続法現在が主節と同時性においてとらえられることがらをあらわすのに対して、接続法過去は主節からみて時間的に先行していることがらをあらわす。接続法過去が要求される意味的環境は接続法現在と同様。

Dubbiteghju ch'ellu sìa venutu.「彼が来なかったのではないかと疑う」

- 63 -

(cf. Dubbiteghju ch'ellu venga. 「彼が来ないのではないかと疑う」)

§ 57. 接続法半過去 (imperfettu di u sughjuntivu)

57.1. 形式

すべての動詞で、活用語尾は −ssi, −ssi, −ssi, ⌒ssimu, ⌒ssite, −ssinu となる。一方、語幹は直説法単純過去で基調となる語幹とおなじ。

例：**cantà**「歌う」: cantassi, cantassi, cantassi, cantàssimu, cantàssite, cantàssinu

andà「行く」: andassi, andassi, andassi, andàssimu, andàssite, andtàssinu

dà「与える」: dessi, dessi, dessi, dèssimu, dèssite, dèssinu

fà「作る」: fessi, fessi, fessi, fèssimu, fèssite, fèssinu

avè「もつ」: avessi, avessi, avessi, avèssimu, avèssite, avèssinu

dì「言う」: dicissi, dicissi, dicissi, dicìssimu, dicìssite, dicìssinu

crede「信じる」: cridissi, cridissi, cridissi, cridìssimu, cridìssite, cridìssinu

vene「来る」: vinessi, vinessi, vinessi, vinèssimu, vinèssite, vinèssinu

esse「ある」: fussi, fussi, fussi, fùssimu, fùssite, fùssinu

ただし、イシンク動詞では規則語尾のまえにつねに -isc- を介する：

finì「終わる、終える」: finiscissi, finiscissi, finiscissi, finiscìssimu, finiscìssite, finiscìssinu

57.2. おもな用法

・主節が過去のとき、主節と同時性においてとらえられることがらをあらわす。接続法半過去が要求される意味的環境は接続法現在と同様。

　　Dubbitava ch'ellu vinessi. 「彼が来ないのではないかと疑っていた」

・ほかに、非現実的な仮定をあらわす sè... 節内でも使われる。§ 59 を参照。

§ 58. 接続法大過去 (trapassatu (o più chè perfettu) di u sughjuntivu)

58.1. 形式

・助動詞 (**avè** または **esse**) の接続法半過去＋過去分詞

例：**cantà**「歌う」: avessi cantatu, avessi cantatu, avessi cantatu, avèssimu cantatu, avèssite cantatu, avèssinu cantatu

andà「行く」: fussi andatu(a), fussi andatu(a), fussi andatu(a), fùssimu andati(e), fùssite andatu(a, i, e), fùssinu andati(e)

58.2. おもな用法

・主節が過去のとき、接続法半過去が主節と同時性においてとらえられることがらをあらわすのに対して、接続法大過去は主節からみて時間的に先行していることがらをあらわす。接続法大過去が要求される意味的環境は接続法現在と同様。

Dubbitava ch'ellu fussi vinutu.「彼が来なかったのではないかと疑っていた」
(cf. Dubbitava ch'ellu vinessi.「彼が来ないのではないかと疑っていた」)

・ほかに、非現実的な仮定をあらわす sè... 節内でも使われる。§ 60 を参照。

§ 59. 条件法現在 (presente di u cundiziunale)

59.1. 形式

・語幹はすべて直説法単純未来と同じ。

・語尾はふたとおりあるが、どちらもすべての動詞に共通。北部では第 1 形、第 2 形が併用されているが、南部では第 1 形のみを用いる。

第 1 形は **－rìa, －rìi, －rìa, －rìamu, －rìate, －rìanu** と語尾を交替させる。第 2 形は **－rebbi, －resti, －rebbe, －rèbbemu, －reste, －rèbbenu** と語尾を交替させる。第 1 形はフランス語のように直説法半過去の記号素をふくみ、第 2 形はイタリア語のように直説法単純過去の記号素をふくむ。

例: **cantà**「歌う」: canterìa, canterìi, canterìa, canterìamu, canterìate, canterìanu ; canterebbi, canteresti, canterebbe, canterèbbemu, cantereste, canterèbbenu

finì (finisce)「終わる、終える」: finiscerìa, finiscerìi, finiscerìa, finiscerìamu, finiscerìate, finiscerìanu ; finiscerebbi, finisceresti, finiscerebbe, finiscerèbbemu, finiscereste, finiscerèbbenu

avè「もつ」: averìa, averìi, averìa, averìamu, averìate, averìanu ; averebbi, averesti, averebbe, averèbbemu, avereste, averèbbenu

- 65 -

esse「ある」: serìa, serìi, serìa, serìamu, serìate, serìanu ; serebbi, seresti, serebbe, serèbbemu, sereste, serèbbenu

59.2. おもな用法

59.2.1. 叙法的用法 (impiegu mudalu)：一定の条件のもとにおかれた帰結をあらわす。

59.2.1.1. つぎのような構文において、現在あるいは未来の事実に反する仮定にもとづく (非現実の) 帰結をあらわす。

Sè＋接続法半過去 (仮定節), 条件法現在 (帰結節).

Sè tù partissi sùbitu, ghjunghjeresti prima di meziornu.

「もしきみがすぐ出るなら、正午以前に着くだろうのに」

cf. 事実に反する仮定ではないときは、つぎのようになる。

Sè＋直説法現在 (仮定節), 直説法単純未来 (帰結節).

Sè tù parti sùbitu, ghjunghjerai prima di meziornu.

「きみがすぐ出れば、正午以前に着くだろう」

59.2.1.2. 一定の条件のもとにおかれた帰結をあらわすことから、断言をさけ、語調を緩和するはたらきを果たす。

Mi piaciaria à andà à Nàpuli. 「ナーポリに行きたいものです」

Vurria un gottu d'acqua per piacè. 「水を 1 杯いただきたいのですが」

59.2.2. 時制的用法 (impiegu tempurale)：時制の照応により、従属節中で「過去からみた未来」をあらわす。

Mi disse ch'ellu parteria u lindumane. 「彼は翌日出発するとわたしに言った」

(cf. 直接話法 Mi disse : « Parteraghju dumane. »)

§ 60. 条件法過去 (passatu di u cundiziunale)

60.1. 形式

助動詞 (avè または esse) の条件法現在＋過去分詞

例 : **cantà**「歌う」: averìa cantatu, averìi cantatu, averìa cantatu, averìamu cantatu, averìate cantatu, averìanu cantatu ; averebbi cantatu, averesti cantatu, avverebbe cantatu, averèbbemu cantatu, avereste cantatu, averèbbenu cantatu

andà「行く」: serìa andatu(a), serìi andatu(a), serìa andatu(a), serìamu andati(e), serìate andatu(a, i, e), serìanu andati(e) ; serebbi andatu(a), seresti andatu(a), serebbe andatu(a), serèbbemu andati(e), sereste andatu(a, i, e), serèbbenu andati(e)

60.2. おもな用法

60.2.1. 叙法的用法 (impiegu mudalu)：つぎのような構文において、過去の事実に反する仮定にもとづく (非現実の) 帰結をあらわす。

Sè＋接続法大過去 (仮定節), 条件法過去 (帰結節).

Sè tù fussi partutu sùbitu, seresti dighjà ghjuntu.

「もしきみがすぐ出ていたなら、すでに着いていただろうのに」

過去の条件のもとにおかれた帰結をあらわすことから、過去に実現しなかった事態を提示しての後悔や非難の語調緩和にも用いられる。

Averiste pussutu telefunà！「電話することもできたでしょうに」

ただしこのとき、直説法大過去も使われる (フランス語とちがった語法)。

Aviate pussutu telefunà！「電話することもできたでしょうに」

60.2.2. 時制的用法 (impiegu tempurale)：時制の照応により、従属節中で「過去からみた前未来」をあらわす。

Mi disse ch'ellu seria partutu prima di meziornu.

「彼はわたしに正午以前に出発すると言った」

(cf. 直接話法 Mi disse :《 Seraghju partutu prima di meziornu. 》)

§ 61. 命令法 (imperativu)

61.1. 形式

tù に対する形 (通常の命令)、noi に対する形 (そもに行なう行動への勧誘)、voi に対する形 (丁寧な命令、または複数の相手への命令) がある。

・規則形は原則として直説法現在の tù、noi、voi の活用形と同じ。ただし、第1 群規則動詞の tù に対する形は -i のかわりに **-a** とする。例：cantà「歌う」⇒ **canta**, cantemu, cantate ;　andà「行く」⇒ vai, andemu, andate ;　crede「信

- 67 -

じる」⇒ credi, cridemu, cridete ；　finì「終わる、終える」⇒ finisci, finimu, finite ；
vene「来る」⇒ veni, venimu, venite

・不規則形 (＝直説法と異なる形。不規則なのは太字部分)：fà「作る」⇒ **fà**, femu,
fate ；　stà「とどまる」⇒ **stà**, stemu, state ；　avè「もつ」⇒ **àbbia, àbbiamu,
àbbiate** ；　pudè「できる」⇒ **poi,** pudemu, pudete ；　sapè「知る」⇒ **sàppia,
sàppiamu, sàppiate** ；　vulè「欲する」⇒ **voglia, vògliamu, vògliate** ；　dì「言
う」⇒ **dì,** dimu, dite ；　esse「ある」⇒ **sia, siamu, siate**

61.2. おもな用法

・tù に対する形は通常の命令、noi に対する形はともに行なう行動への勧誘、
voi に対する形は丁寧な命令、または複数の相手への命令に用いる。

　Dimmi ghjà.「わたしに言って」

　Andemu inseme.「いっしょに行きましょう」

・noi, voi に対する否定命令は ùn + 命令法となる。

　Ùn scrivite micca annant'à i muri !「壁に書いてはいけません」

・tù への否定命令は ùn + 不定法となる。ただし、esse, avè は除く。

　Ùn fumà.「たばこを吸うな」　Ùn sia cusì affannatu !「そう心配するな」

§ 62. 現在分詞 (participiu presente)

62.1. 形式

　語尾はすべての動詞に共通で、**-endu** である：cantà「歌う」⇒ cantendu,
andà「行く」⇒ andendu,　stà「とどまる」⇒ stendu,　avè「もつ」⇒ avendu,
esse「ある」⇒ essendu, issendu

　イシンク動詞は -isc- を介する：capì「理解する」⇒ capiscendu

　語幹部分で古形があらわれる動詞がある：fà「作る」⇒ facendu (ただし規則
形 fendu もある),　dì「言う」⇒ dicendu,　beie「飲む」⇒ biendu

62.2. おもな用法

・主節の動詞に付帯する動作・状態 (時、理由、様態、手段など) を示す。こ
のとき、現在分詞の主語は主節の主語と同じになる。

Partendu, ci anu salutatu.「出発するとき、彼らはわれわれにあいさつした」

Hè ghjuntu currendu.「彼は走って到着した」

・puru, ancu, ancu puru をつけると対立的な意味になる。

Puru essendu malata, hè andata à u travagliu.「病気なのに彼女は仕事に行った」

・「esse sempre＋現在分詞」という迂言形で習慣をあらわす。

Sò sempre littichèndusi.「彼らはいつも言いあらそいをしている」

・イタリア語 stare＋ジェルンディオ、スペイン語 estar＋現在分詞のような進行をあらわす迂言形はなく、通常は単純形をもちいる：

Chì fate?「なにをしているのですか」

ただし、ことさらに「...している最中」という意味をあらわすには、「esse in traccia di＋不定法」という熟語をもちいる：

Avà sò in traccia di manghjà.「いま食事中です」

§ 63. 過去分詞 (participiu passatu)

63.1. 形式

63.1.1. 第 1 群動詞

・規則形は語尾を **-atu** とする。例：cantà「歌う」⇒ cantatu；　dà「与える」⇒ datu；　stà「とどまる」⇒ statu；　andà「行く」⇒ andatu

・規則的な長い語形と、不規則な短い語形のふたつをもつ動詞：　accuncià「調整する」⇒ accunciatu, acconciu；　cumprà「買う」⇒ cumpratu, cumpru；ghjucà「遊ぶ」⇒ ghjucatu, ghjocu；　pruvà「試す」⇒ pruvatu, provu；　truvà「見つける」⇒ truvatu, trovu；　turnà「もどる」⇒ turnatu, tornu；　tumbà「殺す」⇒ tumbatu, tumbu

・不規則形のみの動詞：chjappà「捕える」⇒ chjappu；　fà「作る」⇒ fattu；tichjà「満足させる」⇒ techju；　tuccà「触れる」⇒ toccu

63.1.2. 第 2 群動詞

・すべて不規則形：avè「もつ」⇒ avutu；　duvè「すべきである」⇒ duvutu；parè「現れる、...に見える」⇒ parsu；　pudè「できる」⇒ pudutu；　sapè「知

る」⇒ sapputu ;　valè「値する」⇒ valsu ;　vulè「欲する」⇒ vulsutu

63.1.3. 第 3 群動詞 (イシンク動詞)

・規則形は語尾を **-itu** とする。例：finì「終わる、終える」⇒ finitu ;　capì 「理解する」⇒ capitu ;　pulì「掃除する」⇒ pulitu

・不規則形：apparì「出現する」⇒ apparsu ;　custruì「築く」⇒ custruttu ;　dì 「言う」⇒ dettu

63.1.4. 第 4 群動詞 (語根強勢動詞)

・規則形は dorme 型と crede 型にわかれる。dorme 型は語尾を **-itu** とし、crede 型は語尾を **-utu** とする。例：dorme「ねむる」⇒ dormitu ;　fughje「にげる」⇒ fughjitu ;　cosge「縫う」⇒ cosgitu ;　crede「信じる」⇒ credutu ; parte「出発する」⇒ partutu ;　vene「来る」⇒ vinutu ;　tene「保つ」⇒ tinutu

・不規則形はこの群が最多：accende「ともす」⇒ accesu ;　appende「つるす」⇒ appesu ;　apre「開ける」⇒ apertu ;　beie「飲む」⇒ betu ;　chere「たずねる」⇒ chersu ;　chjode「閉じる」⇒ chjosu ;　coce「調理する」⇒ cottu ; coglie「集める」⇒ coltu ;　copre「おおう」⇒ cupertu ;　corre「走る」⇒ corsu ; cumpone「組みあわせる」⇒ cumpostu ;　cunduce「運転する」⇒ cunduttu ; currege「修正する」⇒ currettu ;　difende「守る」⇒ difesu ;　discute「議論する」⇒ discussu ;　distingue「区別する」⇒ distintu ;　eleghje「えらぶ」⇒ elettu ;　empie「満たす」⇒ impiutu ;　esse「ある」⇒ statu (stà の過去分詞と同じであることに注意) ;　frighje「揚げる」⇒ frittu ;　ghjunghje「到着する」 ⇒ ghjuntu ;　impone「強いる」⇒ impostu ;　leghje「読む」⇒ lettu ;　mette 「置く」⇒ messu ;　more「死ぬ」⇒ mortu ;　move「動く」⇒ mossu ;　nasce 「生まれる」⇒ natu ;　ottene「得る」⇒ ottinutu ;　perde「失う」⇒ persu ; pienghje「泣く」⇒ pientu ;　piove「雨がふる」⇒ piossu ;　prende「とる」 ⇒ presu ;　prutege「援護する」⇒ prutettu ;　ride「笑う」⇒ risu ;　risponde 「答える」⇒ rispostu ;　rompe「こわす」⇒ rottu ;　sceglie「えらぶ」⇒ sceltu ; scrive「書く」⇒ scrittu ;　sente「感じる、聞く」⇒ intesu ;　soffre「苦しむ」 ⇒ suffertu ;　spenghje「ひろげる」⇒ spentu ;　suppone「想定する」⇒

- 70 -

suppostu ; tonde「断つ」⇒ tosu ; trae「もって行く」⇒ trattu ; vede「見る」⇒ vistu

63.2. おもな用法

63.2.1. 助動詞 avè または esse とともに複合時制 (完了時制) をつくる。各時制の節を参照。助動詞の選択、ならびに性数一致については §47.1 を参照。

63.2.2. 助動詞 esse とともに受動態をつくる。受動態については §65 を参照。

63.2.3. 形容詞的用法：直近の名詞にかかり、受動的な意味をあらわす。関係する名詞と性数一致する。付加語的な場合と同格的な場合がある。

付加語的な場合：E lingue parlate in Corsica sò u corsu è u francese.

「コルシカで話される言語はコルシカ語とフランス語である」

同格的な場合：Riparata, ista mascina funziuna bè.

「修理されたので、この機械はうまく動く」

63.2.4. 副詞的用法：受動的または完了的な意味をあらわす。複合時制または受動態に準じて、暗黙の助動詞 avè が想定できるときは無変化、esse が想定できるときは関係する名詞に性数一致するのが原則である。

Compiu u travagliu, chjama à i zitelli. (≒Quand'ellu (ella) hà compiu...)

「しごとを終えて、彼（彼女）はこどもたちを呼ぶ」

Passata a festa, capulatu u santu.「祝日が過ぎさると、聖人は忘れられる」

(≒Quandu a festa hè passata, u santu hè capulatu.)

しかし、他動詞の過去分詞の場合、背後に能動文を想定するか、受動文を想定するかによって avè か esse かは変わってくるので、一致の規則はあまり一貫していない：

Compiu / Compia a cullazione... 「昼食のあと...」

ただし、理由をあらわす datu..., vistu...は無変化：

Datu / Vistu a mo paga, ùn mi possu cumprà una vittura.

「自分の給料からして、車は買えない」

- 71 -

§64. 不定法 (infinitivu)

64.1. 形式：§45 を参照。

64.2. おもな用法

64.2.1. 独立的用法

・動詞を活用させずに示すことにより、有効化しないまま命題に言及する。

　　Eiu, andà culà da per mè ?「わたしがひとりであそこまで行くって?」

・疑問詞と併用し、「... べきか」「... できるか」などの意味になる。

　　Chì fà ?「なにをなすべきか」　　Cumu dì ?「どう言えばよいか」

・tù への否定命令は ùn + 不定法となる。ただし、esse, avè は除く。

　　Ùn fumà.「たばこを吸うな」　　Ùn sia cusì affannatu !「そう心配するな」

64.2.2. 動詞のあとで

・duvè, pudè, sapè, vulè のあとには他の動詞の不定法を直接後続させることができる：

　　Ùn possu leghje senza spichjette.「わたしは眼鏡がないと読めない」

・その他の動詞は di, à などの前置詞を介して不定法をみちびく：

　　Credu d'esse appena stancu.「わたしはほとんど疲れていないと思っている」

　　Mi piaciaria à viaghjà.「旅行に行ければいいなあ」

・avè da + 不定法で未来をあらわす迂言形になる。話しことばでは、単純未来にかわってよく使われる (ただし、現在推量用法では話しことばでも単純未来を用いる)：Aghju da parte dumane.「明日出発します」

64.2.3. 名詞化用法

・不定法をそのまま男性名詞として扱うことができる。コルシカ語では、この用法はフランス語より多く、イタリア語より少ない。

　　À u cumincià...「始めるときに...」

　　U chjinà / ciuttà di u sole「日の出 ／ 日没」

・コルシカ語の不定法はラテン語以来の歴史的な語尾 -re を落として成立したものが多いが、一部の語彙では、-re のついた形が派生名詞として用いられる。

例：essere「存在」(動詞 esse と関連)、piacere「よろこび」(動詞 piace と関連)

- 72 -

現在分詞の形態的融合

　ラテン語には amandum, agendum, audiendum などの動名詞 (gerundium) と、amans, agens, audiens などの現在分詞 (participium præsens) の区別があった。イタリア語ではこれらの区別がいまもなお保たれているが、フランス語、スペイン語などではこれらの区別がなくなり、動詞自体の変化としては 1 種類の形態しか残っていない。コルシカ語も後者のタイプの言語である。本書ではコルシカ語がふたつの形式の弁別をなくしたという事実を重視するとともに、フランス語の用語慣行にならって、この形式を「現在分詞」とよぶことにする。

コルシカ鉄道 (Camini di ferru di a Corsica)

　コルシカ鉄道は trinichellu「小さな列車」(縮小辞については § 9.2 を参照) の愛称でよばれる狭軌・単線・非電化の鉄道で、アヤッチュ Aiacciu、バスティーア Bastia 近郊の一部の駅を通過する長距離列車があるほかは、ほぼ各駅停車のみである。アヤッチュとバスティーアを縦貫する本線と、ポンテ・レッチャ Ponte Reccia で分岐して島の北西のカルビ Calvi にむかう支線がある。かつては東海岸をポルティウェッチュ Portivechju にむかう支線もあったが、2 次大戦で破壊され、再建されていない (観光を意識し、再建する構想もある)。2009 年から導入された、空調を完備し、のりごこちのよい新型車輌 (写真：著者撮影) は、2012 年に全面的に在来型にとってかわった。ヴィッザウォーナ Vizzavona の峠ごえをするアヤッチュ・コルティ Corti 間の車窓風景はまことに壮大である。冬季、道路が凍結すると峠ごえの唯一の陸上交通手段となるので、コルティにあるコルシカ大学の学生がよく利用している。なかでも、ヴィワイユ Vivaiu・ヴェーナグ Vènacu 間にはエッフェル塔で知られるギュスターヴ・エッフェルが設計した高く美しい橋、その名もエッフェル橋 Ponte Eiffel (全長 170m、高さ 84m) がある。一方、支線のうち、イーズラ・ロッサ Ìsula Rossa (単に L'Ìsula ということもある) からカルビまでは海岸に沿うリゾート路線である。なお、Ìsula Rossa の仏訳地名として定着してしまった *Île Rousse は形式の類似からきた「誤訳」であり、意味的には Île Rouge とした方が正しい。

XIX. 態

§ 65. 受動態 (voce passiva)

　態 (voce) とは、他動詞のあらわす動作を、動作の主体、客体のどちらから見るかを示すわく組みである。主体側から見ると能動態 (voce attiva)、客体側から見ると受動態である。受動態はつぎのような形式である。

　　助動詞 esse＋他動詞の過去分詞 (＋da＋動作主)

・過去分詞は主語に性数を一致させる。

　Maria hè bravata da a mamma.「マリーアは母親にしかられる」

・時制や叙法は助動詞 esse の時制であらわされる。

　U cignale hè statu tombu da u cacciadore.「いのししは猟師に殺された」

　コルシカ語には § 66, 68 のような形式があるので、受動態の使用頻度はあまり高くない。

§ 66. 代名動詞 (verbi prunuminali)

66.1. 形式

66.1.1. 主語と同一のひとやものをあらわす直接または間接目的補語人称代名詞 (再帰代名詞 prunomi riflessivi) をともなう動詞を代名動詞という。それゆえ、「自身を / 自身に〜する」という基本的意味をもつ。再帰代名詞は，直接・間接目的補語ともにつぎのとおり。

(主語)	eiu	tù	ellu, ella	noi	voi	elli, elle
再帰代名詞	**mi** (m')	**ti** (t')	**si** (s')	**ci**	**vi** (v')	**si** (s')

66.1.2. 不定法では、再帰代名詞は動詞本体の末尾に接合される。とくに人称を問題にしないときは si で代表させる。動詞本体の不定法が截語のとき (第1, 2, 3 群動詞) はアレッタをはずし、再帰代名詞の子音を二重にする。例： lavà + si ⇒ lavassi「からだを洗う」； chjamà + si ⇒ chjamassi「...という名まえである」。動詞本体の不定法が平語のとき (語根強勢動詞) は、そのまま再帰代名詞をつける。例： veste + si ⇒ vèstesi「服を着る」

66.1.3. 活用形では、再帰代名詞は通常の目的補語代名詞とおなじ位置にくる。

例：lavassi「からだを洗う」の直説法現在：mi lavu, ti lavi, si lava, ci lavemu, vi lavate, si làvanu

avvèdesi「気づく」の直説法現在：m'avvecu, t'avvedi, s'avvede, ci avvidemu, v'avvidite, s'avvèdenu

代名動詞はすべて、複合時制では助動詞として esse をとる。過去分詞は、再帰代名詞が直接目的補語のとき主語に性数一致する。

例：lavassi「からだを洗う」の直説法複合過去：mi sò lavatu(a), ti si lavutu(a), s'hè lavutu(a), ci siamu lavuti(e), vi sete lavutu(a, i, e), si sò lavuti(e)

66.1.4. 命令法、分詞では、不定法のときとおなじ要領で、再帰代名詞は動詞本体の末尾に接合される：Spìcciati !「急ぎなさい！」

66.2. おもな用法

66.2.1. 再帰的用法 (impiegu riflessivu)：「自身を / 自身に〜する」と解釈できるもの。

Mi chjamu Petru. (si は直接目的補語)「わたしはペトルという名まえです」

Mi sò lavatu e mani. (si (mi) は間接目的補語)「わたしは手を洗った」

この例のように、身体の一部分は定冠詞つきの直接目的補語、所有者は間接目的補語 (ここでは再帰代名詞) であらわす。76 ページのかこみ記事を参照。

再帰代名詞が間接目的補語のときは、それが心理的な影響 (受益、損害) をあらわすのみで、再帰代名詞がつかない動詞の場合と大きく意味が変わらない場合もある：Mi sò cumpratu una vittura. (≒Aghju cumpratu una vittura.)「(自分のために) 車を買った」

66.2.2. 相互的用法 (impiegu reciprocu)：「たがいを / たがいに〜する」と解釈できるもの。主語は複数。

I suldati si sò tumbati. (si は直接目的補語)「兵士らは殺しあった」

Ci scrivemu spessu. (si (ci) は間接目的補語)

「わたしたちはしょっちゅう、たがいに便りを書く」

66.2.3. 受動的用法 (impiegu passivu)：「〜される」と解釈できるもの。主語は

もの、si は直接目的補語。習慣、規範などの意味を帯びることがある。

Istu libru si vende moltu bè.「この本はとてもよく売れる」

A pulenda si manghja cù u figatellu.「プレンダ (栗の粉でつくったパン) は、フィガデッル (豚の肝臓を入れた腸詰め) といっしょに食べるものだ」

66.2.4. 慣習的用法 (impiegu cunvenziunale)：再帰代名詞がいかなる目的補語とも考えられない場合、または動詞が代名動詞としてのみ用いられる用法。熟語的。si は直接目的補語とみなされる。

Si n'hè andatu. (andassine)「彼は行ってしまった」

Mi sò avvistu ch'eiu aviu invechjatu. (avvedesi)「自分が老けたことに気づいた」

Mi sò lavatu/a と Mi sò lavatu e mani

Mi sò lavatu/a.「わたしは身体を洗った」というときは、si (mi) は自分のからだをあらわし、直接目的補語扱いされる (ゆえ過去分詞が性変化する) のに対して、見かけ上はそれに e mani をつけくわえただけの Mi sò lavatu e mani.「わたしは手を洗った」の場合は、直接目的補語の位置は e mani にさきどりされているので、si (mi) が間接目的補語扱いされる (過去分詞は無変化)。

コルシカの行政的地位

1976 年以来、コルシカはバスティーアに県庁のある高コルシカ県 (科 Corsica Suprana, 仏 Haute-Corse) と、アヤッチュに県庁のある南コルシカ県 (科 Corsica Suttana, 仏 Corse-du-Sud) のふたつにわかれている。前者を Cismonte (山の手前)、後者を Pumonte (山の向こう) ともよぶ。それらにくわえて、1991 年には全島をおおうコルシカ地域共同体 (科 Cullettività territuriale di Corsica, 仏 Collectivité territoriale de Corse) が創設された。地域共同体という名称はギアナ、マルティニックなど、フランスの海外領土に用いられていたが、島という特異性を考慮してコルシカにも適用された。地方分権の観点から、文化活動、地域振興、交通行政など、広い権限がコルシカ地域共同体にあたえられている。議決機関として 51 議席からなるコルシカ議会 (科 Assemblea di Corsica, 仏 Assemblée de Corse) があり、議員は普通選挙で選出される。2018 年には、ふたつの県を合併し、それらの機能を全島レヴェルと統合して、新たなコルシカ地域共同体が発足する予定である。

XX. 非人称動詞

§ 67. 非人称動詞 (verbi impersunali)

67.1. 3 人称単数のみで用いられる動詞を非人称動詞という。本来の非人称動詞と、一般の動詞から転用されるものがある。

67.2. 本来の非人称動詞：piove「雨がふる」、nivà「雪がふる」、grandinà「ひょうがふる」、tunà「雷がなる」、bisugnà「～しなければならない」など

　　Piuverà stasera.「今夜は雨がふるだろう」

　　Eri hè nivatu tutta a ghjurnata.「きのうは一日中雪がふった」

・「Bisugnà の 3 人称単数+à+ 不定法」で「～しなければならない」という意味になる。

　　Bisogna à parte prestu.「すぐに出発しなければならない」

67.3. 一般の動詞を転用するもの

・fà（天候）

　　Face u caldu / u fretu.「暑い / 寒い」

・accade + di + 不定法「たまたま～する」

　　M'accade d'esse malatu.「たまたま病気になってしまった」

・parè「～ようだ」

　　Pare ch'ellu sia malatu.「彼は病気のようだ」(parè chè + 接続法)

・esse＋形容詞＋di 不定法または chè 節 (節の内容が確実なときは直説法、不確実なときは接続法)

　　Hè difficile d'imparà u corsu.「コルシカ語を学ぶのはむずかしい」

　　Hè certu chè a sorte di a Còrsica hè stata d'esse sempre in ritardu cù u prugressu.「コルシカの運命がいつも、進歩に対して遅れていたことは確かだ」

§ 68. 再帰代名詞 si の非人称用法 (impiegu impersunale di *si*)

　　再帰代名詞 si は、「Si + 動詞 3 人称単数形」で、不特定のひとの行為をあらわす文をつくることができる。

- 77 -

Da a finestra si vede u mare.「窓から海がみえる」

In istu risturante, si manghja bè.「そのレストランではおいしく食事ができる」

この構文は、u mare si vede「海が見られる（見える）」という代名動詞の受動的用法と連続的である。

このほか、北部では、omu「ひとは...」を主語にたてることで同様の意味をあらわす場合もある：

Da a finestra omu vede u mare.「窓から海がみえる」

omu は元来は名詞であるが、この用法では代名詞に転化しているとみなす。

コルティ Corti とコルシカ大学 Università di Corsica

コルシカ人にとっては祖国の父 u Babbu di a Patria であるパスクワーレ・パオリ Pasquale Paoli は、1755 年から 1769 年にかけて独立コルシカの政府をコルティ Corti においた。1765 年、パオリはコルティにコルシカ大学を創設した。しかし 1768 年、フランスによるコルシカ占領にともない閉鎖される。ふたたび開学するのはじつに 200 年以上あとの 1981 年である。以来、コルシカ島内唯一の大学として、人文学部、法経済学部、理工学部の 3 学部を擁し、約 4300 人の学生がまなんでいる（ちなみに、学生をふくめたコルティの人口は約 7300 人である）。また、コルシカ語学の専門課程がある唯一の大学である。城砦を中心として、丘の上にひろがる旧市街はうつくしく、研究に好適な環境である。

▲高台にあるコルティ中心街（著者撮影）　　▲コルシカ大学（著者撮影）

XXI. 島内方言差

§69. コルシカ島の諸方言 (dialetti in Corsica)

69.1. コルシカ語には単一の標準語が存在せず、さまざまな方言が対等の規範性をもってならびたっている、「多規範的」(pulinòmicu) な状況にある。本書ではおおむね北部の諸方言を中心に扱ってきたが、ここで島内の方言差についてまとめておきたい。

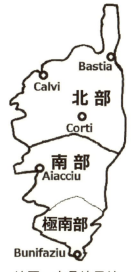

地図中で、島のほぼ中央を東西に横断する太い線が、コルシカ諸方言をわけるもっとも重要な境界線である（南北の県境とは一致しない）。コルシカ諸方言を2つにわけるときは、これより北を北部方言、南を南部方言という。

地図：方言境界線

つぎに、南部を東西に横断する細い線は、Bunifaziu の周囲にひろがる極南部をわける線である（ただし Bunifaziu では、その周囲とちがい、リグリアふうの方言が話されており、いわゆる「方言の孤島」をなしている）。極南部の方言は、南隣のサルディーニャ島北部のガッルーラ方言と共通性がある。

北部、南部の相違は、母音に関しては §4、子音に関しては §5 でもふれるところがあった。南部では -er- のつづり字を [ær] または [ar] とよむ（場合によってはつづり字も -ar- にかえる）こと、南部では変化子音字が少ないこと、そして [b] と [v] の弁別が保たれていることをすでにのべた。

69.2. さらに、南部ではつづり字 -ll- が -dd- となり、そり舌音の [ḍḍ]（舌端の下部を硬口蓋につけて破裂させる有声子音。舌頂音 cacuminale ともよばれる）で発音される。例：zitellu「子ども」⇒ 南 ziteddu；cavallu「馬」⇒ 南 cavaddu；fratellu「兄弟」⇒ 南 frateddu. くわえて、極南部では、-ll- のみならず -gli- も -dd- となり、そり舌音で発音される。例：famiglia「家族」⇒ 極 famidda；piglià「取る」⇒ 極 piddà；lugliu「7月」⇒ 極 luddu.

69.3. 南部では、無強勢の e を回避する（このため、定冠詞女性複数は e ではなく男性複数と同形の i となる）。語根強勢動詞の語尾は -e のかわりに -a と

なり、その他の場合は -i となる。例：esse「ある」⇒ 南 essa ；　vene「来る」⇒ 南 vena ；　crede「信じる」⇒ 南 creda ；　mare「海」⇒ 南 mari ；　pane「パン」⇒ 南 pani ；　sempre「いつも」⇒ 南 sempri. ただし、極南部では、一部の語彙で -e を -i とせず -u とする。これまでにみた語彙は南部と極南部で変わらない。以下には極南部で特異な語彙をあげる。例：fiume「河」⇒ 南 fiumi, 極 fiumu ；　paese「村、故郷」⇒ 南 paesi, 極 paesu ；patrone「主人」⇒ 南 patroni, 極 patronu

69.4. 一部の語彙で、北部では強勢位置で e を用いるところで、南部では i を用いる。例：pelu「毛」⇒ 南 pilu ；　messa「ミサ」⇒ 南 missa ；　seccu「乾いた」⇒ 南 siccu. また同様に、北部では強勢位置で o を用いるところで、南部では u を用いる。例：sottu「下に」⇒ 南 suttu ；　bozzu「湿った」⇒ 南 buzzu ；　piombu「鉛」⇒ 南 piumbu.

69.5. 一部の語彙で、é [e] / è [ɛ]、ó [o] / ò [ɔ] の母音の開口度がことなる。例：fésta「祭」⇒ 南 fèsta ；　péttu「胸」⇒ 南 pèttu ；　pórta「扉」⇒ 南 pòrta ；　tróppu「あまりにも」⇒ 南 tròppu

69.6. 動詞の活用語尾における変異 (巻末活用表の註記をあわせて参照)

69.6.1. 直説法現在

複数の人称語尾 -mu, -te, -nu が南部では -mi, -ti, -ni になる (この点は全叙法・全時制で共通)。これにくわえて、3 人称単数の活用形が -e でおわる動詞は、南部では -i とする。不定法の変異は §69.3 を参照。

例：**cantà**「歌う」：cantu, canti, canta, cantemu, cantate, càntanu

⇒ 南 cantu, canti, canta, cantemi, cantati, càntani

avè「もつ」：aghju, hai, hà, avemu, avete, hanu

⇒ 南 aghju, hai, hà, avemi, aveti, hani

finì (finisce)「終わる、終える」：finiscu, finisci, finisce, finimu, finite, finìscenu

⇒ 南 イシンク型不定法 **finiscia**：finiscu, finisci, finisci, finimi, finisciti, finìscini

dorme「ねむる」：dormu, dormi, dorme, durmemu, durmite, dòrmenu

- 80 -

⇒ 南 不定法 **dorma**：dormu, dormi, dormi, durmemi, durmiti, dòrmeni

esse「(...で) ある」：sò, sì, hè, simu, site, sò

　　⇒ 南 不定法 **essa**：sò, sè, hè, semu, seti, sò

69.6.2. 直説法半過去

南部では、1 人称単数の語尾が -a ではなく -u になる。

例：**cantà**「歌う」：cantava, cantavi, cantava, cantàvamu, cantàvate, cantàvanu

　　⇒ 南：cantavu, cantavi, cantava, cantàvami, cantàvati, cantàvani

avè「もつ」：avìa, avìi, avìa, avìamu, avìate, avìanu

　　⇒ 南 avìu, avìi, avìa, avìami, avìati, avìani

esse「ある」　：era, eri, era, èramu, èrate, èranu

　　⇒ 南 不定法 **essa**：eru, eri, era, èrami, èrati, èrani

極南部では -v- 型の半過去語尾がなく、第 1 群動詞に対しても -i- 型語尾を適用する。

例：**cantà**「歌う」極：cantaiu, cantai, cantaia, cantàiami, cantàiati, cantàiani

69.6.3. 直説法単純未来

南部では r 語尾の直前の母音が一律に a になる (強勢のない e を避ける傾向の一環) とともに、tù の活用語尾 -rai の母音が融合して -rè となる。

例：**cantà**「歌う」：canteraghju, canterai, canterà, canteremu, canterete, canteranu

　　⇒ 南 cantaraghju, cantarè, cantarà, cantaremi, cantareti, cantareni

avè「もつ」：averaghju, averai, averà, averemu, averete, averanu

　　⇒ 南 avaraghju, avarè, avarà, avaremi, avareti, avareni

finì (finisce)「終わる、終える」：finisceraghju, finiscerai...

　　⇒ 南 イシンク型不定法 **finiscia**：finisciaraghju, finisciarè...

esse「ある」：seraghju, serai... ⇒ 南 不定法 **essa**：saraghju, sarè...

69.7. 語彙の変異

「犬」を北部で cane、南部で ghjàcaru という例がたいへん多く引用されるが、これほど大きな差のある語はほかには少ない。形容詞 grandu, pìcculu が南部では maiò (maiori), minò (minori) になることをあげておこう。

- 81 -

地形、街路、施設などの語彙

mare 男 海、muntagna 男 山、furesta 女 森、machja 女 マキ (コルシカ独特の低木のやぶ)、fiume 男 川、valle 女 谷、lavu 男 湖、stagnu 男 池、piaghja 女 平原・平野 (*)、strada 女 通り、carrughju 男 街路、traversa 女 大通り、piazza 女 広場、buttega 女 店、mercatu 男 市場、supramercatu 男 スーパーマーケット、librerìa 女 書店、macellaru 男 肉屋、pischerìa 女 魚屋、pannaterìa 女 パン屋、pastizzarìa 女 ケーキ屋、osterìa 女 ホテル、scola 女 学校、uspidale 男 病院、farmacìa 女 薬局、posta 女 郵便局、banca 女 銀行、museu 男 美術館・博物館、chjesa 女 教会、gara 女 駅、portu 男 港、aeroportu 男 空港、tacsi 男 タクシー、carrru 男 バス、trenu 男 列車、aviò 男 飛行機、batellu 男 船、vittura 男 自動車

(*) 科 piaghja は 仏 plage, 伊 spiaggia からの類推で「砂浜」と思ってはいけない。これは「平原・平野」(仏 plaine, 伊 pianura) である。たとえば Piaghja urientale は「東部平野」。「砂浜」は rena という。

飲食に関する語彙

usterìa 女 食堂・レストラン、caffè 男 カフェ (喫茶店)・コーヒー、sdighjunu 男 朝食 (prima cullaziò 女 朝食)、pranzu 男 昼食、cena 女 夕食、manghjà 男 食べもの (動詞からの転用)、bivenda 女 飲みもの、pane 男 パン、carnu 男 肉、pesciu 男 魚、urtìglia 女 野菜、frutta 女 果物、ovu 男 卵 (複数形は ove となり女性名詞に転換)、sale 男 塩、pèveru 男 胡椒、zùccheru 男 砂糖、òliu 男 油、prizuttu 男 ハム、salcìccia 女 ソーセージ、figatellu 男 フィガテッル (腸詰)、casgiu 男 チーズ、insalata 女 サラダ、suppa 女 スープ、castagna 女 栗、pulenda 女 プレンダ (栗の菓子)、torta 女 ケーキ、mela 女 林檎、arànciu 男 オレンジ、limone 女 レモン、latte 男 牛乳、vinu 男 ワイン、biera 女 ビール、tè 男 茶

XXII. 単語集

　以下には本文中 (例文など) に出てくる単語を中心に、基本単語を採録した。原則として、冠詞、代名詞、所有詞、指示詞、疑問詞、関係詞、数詞と固有名詞は採録しないが、他品詞と兼ねるなど、まぎらわしいものは採録した。名詞は単数形 (ただし複数のみで用いられる名詞は複数形)、形容詞は男性単数形、動詞は不定法を見出し語とする。語の配列は abc 順とし、見つけやすさを考えてイントリッチアーデ (chj, ghj) を別だてにはしていない。

　語強勢の位置をアレッタ・グラーウェで示す。ただし、強勢位置では [e] / [ɛ], [o] / [ɔ] の弁別があるので、e, o に対してはアレッタ・アグーダ、アレッタ・グラーウェを併用し、それらを順に é / è, ó / ò で示した。このため、本文とはアレッタの向きがちがう場合があることを諒承されたい。

　略号、記号はつぎのとおり。[男] 男性名詞、[女] 女性名詞、[複] 複数形、[代] 代名詞、[関] 関係詞、[形] 形容詞、[自] 自動詞、[他] 他動詞、[代動] 代名動詞、[副] 副詞、[接] 接続詞、[前] 前置詞、[間] 間投詞、➡ 参照。

à　[前] 〜に、〜へ、〜で
abbastà　[自] 足りる
abbastànza　[副] 十分に
accàde　[自] 達する、起きる
accant'à　[前] 〜の隣に
accàntu　[副] [前] (〜の) 隣に
accènde　[他] 火をともす
accésu　[形] 色づけられた
accidènte　[男] 事故
accónciu　[形] 準備のできた
accuncià　[他] 準備する
accunsènte　[他] [自] 同意する
àcqua　[女] 水
aeropórtu　[男] 空港
affannàtu　[形] 心配した

affinchè　[接] 〜するために
aiutà　[動] 助ける、手つだう
almènu　[副] すくなくとも
amìcu　[男] 友だち
amparà, imparà　[他] 学ぶ
àncu　[副] 〜もまた
andà　[自] 行く
andàssine　[代動] 去る
ànima　[女] たましい
animàle　[男] 動物
annant'à　[前] 〜の上に、〜に関して
annàntu　[副] [前] (〜の) 上に
ànnu　[男] 年
aòstu, agòstu　[男] 8 月
apèrtu　[形] 開いた

- 83 -

apparì [自] 現れる

appèna [副] やっと、ほとんど

appènde [他] つり下げる

àpre [他] 開ける

aprìle [男] 4月

arànciu [男] オレンジ

àrburu [男] 木

arnèse [男] 道具

arricurdà [他] 思い出させる

arricurdàssi [代動] 思い出す

arrùste [他] 焼く

aspettà [他] 待つ

assài [副] とても

assicurànza [女] 保険

assolùtu [形] 絶対の

attenziòne [女] 注意

autùrnu, autùnnu [男] 秋

avvedèssi [動] 気づく

avà, avàle [副] いま

avè [動] もつ

aviò [男] 飛行機

babbòne [男] 祖父

bàbbu [男] 父

bànca [女] 銀行

bàncu [男] ベンチ

bastànza [女] 十分であること

bastà [自] 足りる

battéllu [男] 船

bàtte [他] 打つ

bè [副] よく

bèie [他] 飲む

bèllu [形] 美しい

benchè, benchì [接] ～であるが

biàncu [形] 白い

bièra [女] ビール

bisugnà [他] 必要である

bivenda [女] 飲みもの

bòcca [女] くち

bòlle [自] 沸く

bonghjòrnu [間] こんにちは

bónu [形] よい

bózzu [形] 湿った

bràcciu [男] 腕

bravà [他] 叱る

bràvu [形] すぐれた

buttèga, buttèca [女] 店

cà [接] ～こと、～に比べて

càccia [女] 狩り

caccià [他] 狩りをする

cacciadòre [男] 狩人

caffè [男] カフェ (喫茶店)、コーヒー

calculà [他] 計算する

càlculu [男] 計算

càldu [形] 暑い、[男] 暑さ

cambià [他] [自] 変える、変わる

càmera [女] 部屋、寝室

càne [男] 犬

cantà [他] [自] 歌う

capì [他] 理解する

capulà [他] 投げる、[自] 消える

cappèllu [男] 髪

carnivùru [形] 肉食の、[名] 肉食獣

càrnu [男] 肉

càrrru [男] バス

carrùghju [男] 街路

càsa [女] 家

càsgiu [男] チーズ

castàgna [女] 栗

casumài [副] もしかして

cavàllu [男] 馬

cèna [女] 夕食

centìmetru [男] センチメートル

cercà [他] [自] 探す、努める

cèrtu [形] 確かな

chè, chì [代] なに

chè, chì [接] 〜こと、〜に比べて、〜だから

chére [他] 頼む、尋ねる

chiàve, chjàve [女] 鍵

chilò, chilògrammu [男] キログラム

chilòmetru [男] キロメートル

chìmica [女] 化学

chjamà [他] 呼ぶ

chjamàssi [代動] 〜という名である

chjamu [男] 呼び声

chjappà [他] つかまえる

chjésa [女] 教会

chjinà [他] 下げる

chjòde [他] [自] 閉じる

chjòstru [男] 修道院

cicculàta [女] チョコレート

cignàle [男] いのしし

cinemà [男] 映画、映画館

cità [女] 都市

ciuttà [自] 沈む

cóce [他] [自] (料理で) 加熱する

cóglie [他] 摘む、取る

còmpie [他] 完成させる

cópre [他] 覆う

córe [男] 心、心臓

còrre [他] [自] 走る

còrsu [形] コルシカの、[男] コルシカ語、[男] [女] コルシカ人

córsu [男] 経路、通り、授業

còsa [女] もの、こと

còsge [他] 縫う

crède [他] [自] 信じる、思う

cù, cun [前] 〜とともに

cugìna [女] 従姉妹

cugìnu [男] 従兄弟

cugnàta [女] 義理の姉妹

cugnàtu [男] 義理の兄弟

culà [副] そこに

cullà [他] [自] のぼる

cultéllu [男] ナイフ

cùme, cum'è [副] 同じくらい

cùme, cum'è [接] 〜のように

cumincià [他] [自] 始まる、始める

cumpòne [他] [自] 組みあわせる

cumprà [他] 買う

cùmu [副] どのように

cundizióne [女] 条件

cundùce [他] [自] 導く、運転する

cunsìgliu [男] 助言

cuntèntu [形] 満足した

cuntinuà [他] [自] 続く、続ける

cunvenzióne [女] 慣習

curagiòsu [形] 勇気のある

curiusità [女] 好奇心

cusì [副] このように

custruì [他] 築く

custà [他] [自] 費やす、かかる

da [前] 〜から、〜によって

dà [他] 与える

dapertùttu [副] いたるところに

dentr'à [前] 〜のなかに

dèntru [副] なかに

di [前] 〜の

dì [自] 言う

dialettu [男] 方言

dicèmbre [男] 12月

difènde [他] 防ぐ、守る

diffìcile, diffìciule [形] むずかしい

dighjà, digià [副] すでに

dinó, dinu [副] まだ、また、〜も

diréttu [形] 直接の

discùte [他] [自] 議論する

dìtu [男] 親指

dìu [男] 神

diventà [自] 〜になる

dónna [女] 女

dop'à [前] 〜のあとで

dópu [副] [前] (〜の) あとで

dórme [自] ねむる

dubbità [他] [自] 疑う、おそれる

dùbbitu [男] 疑い

dumandà [他] たのむ、尋ねる

dumàne [副] 明日

dumènica [女] 日曜日

dùnque [接] だから

durà [自] 続く

duttòre [男] 医者、博士

duvè [他] 負うている、借りている、〜しなければならない

è [接] および、そして

éccu [副] ほらここに

elèghje [他] えらぶ

èmpie [他] 満たす

èntre [自] 入る

eppùru [副] それでも

eppó, eppói [副] つぎに、そして

éri [副] きのう

ésce [自] 出る

esìste [自] 存在する

ésse [自] ある、〜である

éssere [男] 存在

estàte [男] 夏

ètima [女] 週

età [女] 年齢、年代

eurò, èuru [男] ユーロ (通貨)

evìva [間] 万歳

fà [他] する、作る

falà [他] [自] 下ろす、降りる

famìglia [女] 家族

farmacìa [女] 薬局

felicità [女] 幸福

ferràghju [男] 2 月

fésta [女] 祭

figatéllu [男] フィガデッル (腸詰)

figlióla [女] 娘

figliólu [男] 息子

figliulìna [女] 孫娘

figliulìnu [男] (男の) 孫

fìlmu [男] 映画 (個別の作品)

fìne [女] 終わり

finéstra [女] 窓

finì [他] [自] 終える、終わる

fiòre [男] 花

fiùme [男] 川

fócu [男] 火

fòndu [男] 奥、底、[形] 深い、[副] 奥に

fórte [形] 強い

fórza [女] 力

frà ➡ trà

francamènte [副] 率直に

francèse [形] フランスの、[男] フランス語、[男] [女] フランス人

fràncu [形] 率直な

fràsa [女] 文

fratéllu [男] 兄弟

frètu [形] 寒い、[男] 寒さ

frìghje [他] [自] 揚げる、揚がる

fróllu [形] やわらかい

frutta [女] 果物

fucòne [男] 暖炉

fùghje [自] 逃げる

fumà [他] [自] 煙草を吸う

funziunà [自] 機能する]

furésta [女] 森

futùru [男] 未来

gàra [女] 駅

gattìvu [形] わるい

genitòri [男複] 両親

ghjénneru [男] (義父母からみた) 婿

nòra [女] (義父母からみた) 嫁

ghjà [副] すでに

ghjalettu [男] 若鶏

ghjennàghju [男] 1月

ghjènte [女] ひとびと (単数扱い)

ghjinóchju [男] ひざ

ghjócu [男] 遊び、競技

ghjòrnu [男] 日、昼

ghjòvi [男] 木曜日

ghjucà, ghjuccà [自] 遊ぶ、競技する

ghjudicà [他] 判断する

ghjùgnu [男] 6月

ghjùnghje [自] [他] 着く、達する

ghjurà [自] [他] 誓う

ghjurnàle [男] 新聞、日記

ghjurnàta [女] 一日

giappunèse [形] 日本の、[男] 日本語、[男] [女] 日本人

girà [他] [自] 回る、回す

gòttu [男] グラス、コップ

grandinà [自] ひょうが降る

gràndu [形] 大きい

gràve [形] 鈍重な、重大な

guardà [他] 見る

guèrra [女] 戦争

ié [間] はい

imparà, amparà [他] 学ぶ

impiégu [男] 使用、用法

impòne [他] 課する、強いる

imprudènte [形] 軽率な

incù, incun ➡ cù, cun

ìnde, ind'è [前] 〜の中で、〜の家で

indùve [副] どこに、[関] そこで

ingrandà [他] [自] 大きくなる、する

innanz'à, innànzu [前] 〜の前に

innó [間] いいえ

insalàta [女] サラダ

insème [副] いっしょに

insignànte [男] [女] 教員

intòrnu [副] [前] (〜の) まわりに

invèrnu [男] 冬

invichjà [自] 老ける、古びる

irunìa [女] 皮肉、反語法

ìsula [女] 島

isulà [他] 孤立させる

làbbru [男] くちびる

lascià [他] 残す、放置する

làtte [男] 牛乳

lavà [他] 洗う

lavàssi [代動] 自分の身体を洗う

làvu [男] 湖

léghje [他] 読む

leóne [男] ライオン

léttu [男] ベッド

libertà [女] 自由

lìbra [女] リブラ (重量の単位)

librerìa [女] 書店

lìbru [男] 本

limòne [女] レモン

lindumàne [男] 翌日

lìngua [女] 舌、言語

listèssu [形] 同じ

liticà [他] [自] 言い争う、しかる

liticàssi [代動] たがいに言い争う

lìtru [男] リットル

lócu [男] 場所

lùce [女] 光

lùgliu [男] 7 月

lùna [女] 月

lùni [男] 月曜日

luntànu [形] 遠い

ma [接] しかし

maèstru [男] 先生

macéllàru [男] 肉屋

màchja [女] マキ (コルシカ独特の
やぶ)

màghju [男] 5 月

mài [副] 決して〜ない

malàtu [形] 病気の、[男] 病人

màle [副] わるく、[男] 悪

malgràtu [前] 〜にもかかわらず

malìzia [女] 悪意、からかい

màlu [形] わるい

màmma [女] 母

mammòne [女] 祖母

manghjà [他] 食べる、[男] 食べも
の

mànu [女] 手

mantenimèntu [男] 維持

màre [男] 海

marìtu [男] 夫

màrti [男] 火曜日

màrzu [男] 3 月

mascìna [女] 機械

màssimu [形] [男] 最大 (の)

matrimòniu [男] 結婚

maturà [自] 熟する

médicu [男] 医者

mégliu [副] よりよく

mèla [女] りんご

méle [男] 蜂蜜

mènte [女] 精神

ménu [副] より少なく

mercàtu [男] 市場

mèrcuri [男] 水曜日

merità [他] 値する

mèssa [女] ミサ

messàghju [男] メッセージ

métte [他] 置く

meziòrnu [男] 正午

mìcca [副] 少しも〜ない

migliò, migliòre [形] 最良の

minà [他] 打つ

mìnimu [形] 最小の

missiàvu [男] 祖父

mòglia [女] 妻

mòltu [副] とても

móre [自] 死ぬ

móve [他] 動かす

mumèntu [男] 瞬間

mùndu [男] 世界

muntàgna [男] 山

mùru [男] 壁

muséu [男] 美術館・博物館

nant'à ➡ annant'à

nàsce [自] 生まれる

naziòne [女] 国家、国民

ne [副] それについて

nè [副] 〜もない

nipòte [男] 甥、[女] 姪

nisùnu, nissùnu [形] どんな〜もない

nivà [自] 雪が降る

nótte [女] 晩

nùlla [代] なにも〜ない

nùmeru [男] 数、番号

numinà [他] 名ざす

nuvèmbre [男] 11 月

nuvéllu [形] 新しい

óchju [男] 目

óghje [副] きょう

òliu [男] 油

olìva [女] オリーヴ

ómu [男] 男、ひと

onòre [男] 名誉

óra [女] 時 (じ)

òra [女] 陰

óssu [男] 骨

osterìa [女] ホテル

ottène [他] 得る

ottòbre, uttòbre [男] 10 月

óvu [男] 卵

pàce [女] 平和

paèse [男] 国、郷里

paga [女] 支払い、給料

pagà [他] 払う

paisànu [男] 村人、郷里の人

palesà [他] 曝露する

pàne [男] パン

pannaterìa [女] パン屋

parlà [他] [自] 話す

parólla [女] 語

pàrte [自] 出発する

participà [他] [自] 参加する

particulàre [形] 特別な、特殊な

particularmènte [形] 特別に

parziàle [形] 部分的な

parè, pàre [自] ～のようだ

passà [自] [他] 過ぎる、過ごす

pastizzarìa [女] ケーキ屋

patròne [男] 主人、もちぬし

pè ➡ per

péghju [副] より悪く

pèlu [男] 毛

pensà [自] 思う、考える

per, pè [前] ～のために

perchè [副] なぜ

pèrde [他] 失う

perìculu [男] 危険

però [接] しかし

pèsciu [男] 魚

pèssimu [形] 最悪の

péttu [男] 胸

pèveru [男] 胡椒

piacè, piàce [自] 気に入る

piacè, piacère [男] 快楽、好意

piàghja [女] 平原、平野

piànu [形] 平らな、[男] 平面、平原、
[副] ゆっくり

piàttu [男] 皿、料理

piàzza [女] 広場

pìcculu [形] 小さい

piènghje [他] [自] 泣く、嘆く

pighjòre, pighjò [形] 最悪の

piglià [他] 取る

piralzu [男] ハンノキ

piòmbu [男] 鉛

pióve [自] 雨が降る

pischerìa [女] 魚屋

più [副] より多く

pòcu [形] [副] 少し (の)

pói [副] つぎに

pòne [他] 置く

pònte [男] 橋

pòrcu [男] 豚

pórta [女] 扉

pòveru [形] 貧しい、かわいそうな

pranzà [自] 朝食をとる

prànzu [男] 朝食

pórtu [男] 港

pósta [女] 郵便局

prànzu [男] 昼食

prènde [他] 取る

préstu [副] 早く

préttu [形] 準備のできた、硬い

principià [他] [自] 始める、始まる

prizùttu [男] ハム

pròntu [形] 準備のできた、速い

prublèma [男] 問題

prugréssu [男] 進歩

prutége, prutégge [他] 護る

pruvà [他] 試みる、証明する

pudè [他] できる

pulènda [女] プレンダ (栗粉パン)

pulì [他] 掃除する、清める

pulìtica [女] 政治

pùru [形] 純粋な、[副] やはり

pussìbile [形] 可能な

quallà [副] そこ、あそこ

quàndu [副] いつ

quàndu, quand'è [接] 〜するとき

quàntu, quant'è [形] [副] いくつ(の)

quì [副] ここ

racòntu [男] 物語

ràdica [女] 根

ragiò, ragiòne [女] 理性、理由

rèna [女] 砂漠

restà [自] とどまる、残る

restauraziòne [女] 修復

rìccu [形] 豊かな

ricchèzza [女] 豊かさ、富

rìde [動] 笑う

rifà [他] 作りなおす、模倣する

riparà [他] 修理する

ripòsu [男] 休息

ripusassi [代動] 休息する

rìsa [女] 笑い

rispònde [他] 応える

risturànte [男] レストラン

rìsu [男] 米

ritàrdu [男] 遅れ

riturnà [他] [自] もどる、もどす

ròba [女] 品物

ròmpe [他] [自] 壊す、壊れる

ròsa [女] ばら

róta [女] 車輪

rubàccia [女] 粗悪品

rumóre [女] うわさ

sàbatu [男] 土曜日

salcìccia [女] ソーセージ

sàle [男] 塩

sàntu [形] 聖なる、[男] 聖人

sànu [形] 健康な

sapè [他] 知る

savurìtu [形] おいしい

scàrpu [男] 靴

scéglie [他] 選ぶ

sciappitàna [女] 盛夏の炎暑

sciènza [女] 科学

scóla [女] 学校

scrittòre [男] 作家

scrìve [他] 書く

sculunnà [他] 気づく

scuntrà [他] 出会う

scuntràssi [代動] (互いに) 出会う

sdighjùnu [男] 朝食

sè, sì [接] もし〜なら

sèccu [形] 乾いた

séculu [男] 世紀

sèmplice [形] 単純な

sèmpre [副] いつも

sènte [他] 感じる、聴く

sènza [前] ～なしで

sèra [女] 夕方、夜

sète [女] 渇き

sgiò [男] 旦那さん

sguillà [自] 滑る

simplicemènte [副] 単純に

sinu, sin'à [前] ～まで

sittèmbre [男] 9 月

sminticà [他] 忘れる

socèra [女] しゅうとめ

socèru [男] しゅうと

sóffre [他] [自] 苦しむ、耐える

sóldu [男] お金

sòlu [形] 単独の、[副] 単に

sópra, sopr'à [副] [前] (～の) 上に

sórte [他] [自] 出る、出す

sòttu, sott'à [副] [前] (～の) 下に

sparì [自] 消える

spassighjà [自] 走破する

spènghje [他] (火、灯などを) 消す

spèssu [副] しばしば

spicciàssi [代動] 急ぐ

spichjette [女・複] めがね

spónda [女] 海岸、土手

spórt [男] スポーツ

stà [自] ある、いる、住む

stagiòne [女] 季節

stàgnu [男] 池

stàncu [形] 疲れた

stasèra [副] 今夜

stàtu [男] 状態、国家

staziòne [女] 駅

stràda [女] 道路

stradàle [形] 道路の

studiànte [男] [女] 学生

studià [他] 研究する、勉強する

sùbitu [副] すぐに

sucetà [女] 社会

suldàtu [男] 兵士

sulleòni [男複] 盛夏

suluziòne [女] 解決策

sùppa [女] スープ

suppòne [他] 想定する

supramercàtu [男] スーパーマーケット

surélla [女] 姉妹

tacsì [男] タクシー

taliànu [形] イタリアの、[男] イタリア語、[男] [女] イタリア人

tamant'è ➡ tamantu

tamàntu [形] 同じくらい大きい

tàntu [形] 多くの、[副] とても

telefunà [自] 電話する

tè [男] 茶

tèma [男] 主題

tèmpu [男] 時間

tène [他] 保つ

tèrra [女] 土地、地球

tèsa, tèsi [女] 論文

tichjà [他] 満足させる

tìppu [男] タイプ、類型

tònde [他] 切る

tòrta [女] ケーキ

trà, frà [前] ～のあいだに

tràccia [女] 痕跡

traccià [他] たどる

tràe [他] 引き出す

travàgliu [男] しごと

travaglià [自] 働く

- 91 -

travèrsa [女] 大通り

trènu [男] 列車

trinichéllu [男] コルシカ鉄道 (愛称)

truvà [他] 見つける

tróppu [副] あまりにも

tuccà [他] 触れる、着く、かせぐ

tumbà [他] 殺す

tunà [自] 雷がなる

turnà [他][自] 戻る、戻す、なる

tutàle, totàle [形] 全体の

tutalmènte [副] 完全に

tùttu [形][代] すべて (の)

ugualità [女] 平等

ùn [副] 〜ない

università [女] 大学

urfanèllu [男] 孤児

urtìglia [女] 野菜

uspidàle [男] 病院

usterìa [女] 食堂・レストラン

ùsu [男] 使用

ùtile [形] 便利な

vacànze [女・複] 休暇

valè [他] 値する

vàlle [女] 谷

vède [他][自] 見る

vènde [他] 売る

vène [自] 来る

vènneri [男] 金曜日

veramènte [副] 本当に

vèrde [形] 緑の

verità [女] 真実、真理

vèrsu [前] 〜に向かって

vèru [形] 本当の

verànu [男] 春

vèste [他] 服を着せる

vèstesi [代動] 服を着る

viaghjà [自] 旅行する

vicìnu [形] 近い

vìnu [男] ワイン

virtù [女] 徳

vittùra [女] 車

vòce [女] 声、(動詞の) 態

vólta [女] 回数

vulè [他] 欲する

zìa [女] おば

zitélla [女] 女の子

zitéllu [男] 男の子

zìu [男] おじ

zùccheru [男] 砂糖

XXIII. 動詞活用表

1/ cantà (第 1 群規則活用動詞)

不定法	過去分詞	現在分詞	命令法
cantà	cantatu	cantendu	canta cantemu cantate

直説法現在	直説法半過去	直説法単純過去	直説法単純未来
cantu	cantava	cantai	canteraghju
canti	cantavi	cantasti	canterai
canta	cantava	cantò	canterà
cantemu	cantàvamu	cantàimu	canteremu
cantate	cantàvate	cantaste	canterete
càntanu	cantàvanu	cantonu	canteranu

直説法複合過去	直説法大過去	直説法前過去	直説法前未来
aghju cantatu...	avìa cantatu...	ebbi cantatu...	averaghju cantatu...

接続法現在	接続法半過去	条件法現在第 1	条件法現在第 2
canti	cantessi	canterìa	canterebbi
canti	cantessi	canterii	canteresti
canti	cantessi	canterìa	canterebbe
càntimu	cantèssimu	canterìamu	canterèbbemu
càntite	cantèssite	canterìate	cantereste
càntinu	cantèssinu	canterìanu	canterèbbenu

接続法過去	接続法大過去	条件法過去第 1	条件法過去第 2
àbbia cantatu...	avessi cantatu...	averìa cantatu...	averebbi cantatu...

註記
・もっとも基本的な活用なので、同類の活用をする動詞はきわめて多数。 ・変種として、直説法現在 1 人称単数で -g-, 接続法現在で全面的に -gh- を挿入する動詞がある： 　**falà**：直説法現在：falgu, fali, fala, falemu, falate, fàlanu 　　　　　接続法現在：falghi, falghi, falghi, fàlghimu, fàlghite, fàlghinu 　falà と同様の活用をする動詞：amparà (imparà), ghjurà, minà 　　ただし、amparà (imparà) には規則形 amparu などもある

- 93 -

2/ calculà (第 1 群イヂンク動詞)

不定法	過去分詞	現在分詞	命令法
calculà	calculatu	calculendu	calculeghja calculemu calculate
直説法現在	直説法半過去	直説法単純過去	直説法単純未来
calculeghju calculeghji calculeghja calculemu calculate calculèghjanu	calculava calculavi calculava calculàvamu calculàvate calculàvanu	calculai calculasti calculò calculàimu calculaste calculonu	calculeraghju calculerai calculerà calculeremu calculerete calculeranu
直説法複合過去	直説法大過去	直説法前過去	直説法前未来
aghju calculatu...	avìa calculatu...	ebbi calculatu...	averaghju calculatu...
接続法現在	接続法半過去	条件法現在第 1	条件法現在第 2
calculeghji calculeghji calculeghji calculèghjimu calculèghjite calculèghjinu	calculessi calculessi calculessi calculèssimu calculèssite calculèssinu	calculerìa calculerìi calculerìa calculerìamu calculerìate calculerìanu	calculerebbi calculeresti calculerebbe calculerèbbemu calculereste calculerèbbenu
接続法過去	接続法大過去	条件法過去第 1	条件法過去第 2
àbbia calculatu...	avessi calculatu...	averìa calculatu...	averebbi calculatu...
註記			

・同類の活用 : cuntinuà, dubbità, ghjudicà, liticà, merità, numinà, participà, sminticà など

3/ andà (第 1 群不規則活用動詞)

不定法	過去分詞	現在分詞	命令法
andà	andatu	andendu	vai andemu andate
直説法現在	直説法半過去	直説法単純過去	直説法単純未来
vò (vocu) vai và andemu andate vanu	andava andavi andava andàvamu andàvate andàvanu	andai andasti andò andàimu andaste andonu	anderaghju anderai anderà anderemu anderete anderanu
直説法複合過去	直説法大過去	直説法前過去	直説法前未来
sò andatu...	era andatu ...	fui andatu...	seraghju andatu...
接続法現在	接続法半過去	条件法現在第 1	条件法現在第 2
vachi vachi vachi vàchimu vàchite vàchinu	andessi andessi andessi andèssimu andèssite andèssinu	anderìa anderìi anderìa anderìamu anderìate anderìanu	anderebbi anderesti anderebbe anderèbbemu andereste anderèbbenu
接続法過去	接続法大過去	条件法過去第 1	条件法過去第 2
sìa andatu...	fussi andatu...	serìa andatu...	serebbi andatu...
註記			

・南部では直説法現在 2 人称単数を va' とする。このとき後続の交替子音字は弱形で発音される。
・南部の一部では直説法半過去を andaghjìu, andaghjìi, andaghjìa, andaghjìamu, andaghjìate, andaghjìanu とする。
・接続法現在には voch- 語幹（vochi, vochi, vochi, vòchimu, vòchite, vòchinu)、接続法半過去には andass- 語幹（andassi, andassi...)もある。

- 95 -

4/ dà (第 1 群不規則活用動詞)

不定法	過去分詞	現在分詞	命令法
dà	datu	dendu	dà demu date
直説法現在	直説法半過去	直説法単純過去	直説法単純未来
dò (docu)	dava	detu	deraghju
dai	davi	desti	derai
dà	dava	dete	derà
demu	dàvamu	dètimu	deremu
date	dàvate	deste	derete
danu	dàvanu	dètenu	deranu
直説法複合過去	直説法大過去	直説法前過去	直説法前未来
aghju datu...	avìa datu...	ebbi datu...	averaghju datu...
接続法現在	接続法半過去	条件法現在第 1	条件法現在第 2
dìa	dessi	derìa	derebbi
dìa	dessi	derìi	deresti
dìa	dessi	derìa	derebbe
dìamu	dèssimu	derìamu	derèbbemu
dìate	dèssite	derìate	dereste
dìanu	dèssinu	derìanu	derèbbenu
接続法過去	接続法大過去	条件法過去第 1	条件法過去第 2
àbbia datu...	avessi datu...	averìa datu...	averebbi datu...
註記			

・南部の一部では直説法半過去を daghjìu, daghjìi, daghjìa, daghjìamu, daghjìate, daghjìanu とする。

・接続法現在には doch- 語幹（dochi, dochi, dochi, dòchimu, dòchite, dòchinu）、接続法半過去には dass- 語幹（dassi, dassi...）もある。

5/ fà (第 1 群不規則活用動詞)

不定法	過去分詞	現在分詞	命令法
fà	fattu	fendu (facendu)	fà femu fate
直説法現在	直説法半過去	直説法単純過去	直説法単純未来
facciu faci face femu fate fàcenu (fanu)	facìa facìi facìa faciamu faciàte facìanu	feci facesti (festi) fece fècimu faceste (feste) fècenu	faraghju farai farà faremu farete faranu
直説法複合過去	直説法大過去	直説法前過去	直説法前未来
aghju fattu...	avìa fattu...	ebbi fattu...	averaghju fattu...
接続法現在	接続法半過去	条件法現在第 1	条件法現在第 2
faccia faccia faccia fàcciamu fàcciate fàccianu	fessi fessi fessi fèssimu fèssite fèssinu	farìa farìi farìa farìamu fariate farìanu	farebbi faresti farebbe farèbbemu fareste farèbbenu
接続法過去	接続法大過去	条件法過去第 1	条件法過去第 2
àbbia fattu...	avessi fattu...	averìa fattu...	averebbi fattu...
註記			
・北東部では接続法現在を fàccia, fàccia, fàccia, fàccianu, fàcciate, fàcciamu とする。 ・現在分詞の異形 facendu は、固定表現 strada facendu「道すがら」(cf. フランス語 chemin faisant) のみで用いる。			

6/ stà (第 1 群不規則活用動詞)

不定法	過去分詞	現在分詞	命令法
stà	statu	stendu	stà stemu state
直説法現在	直説法半過去	直説法単純過去	直説法単純未来
stò (stocu) stai stà stemu state stanu	stava stavi stava stàvamu stàvate stàvanu	stetu stesti stete stètimu steste stètenu	steraghju sterai sterà steremu sterete steranu
直説法複合過去	直説法大過去	直説法前過去	直説法前未来
sò statu...	era statu ...	fui statu...	seraghju statu...
接続法現在	接続法半過去	条件法現在第 1	条件法現在第 2
stìa stìa stìa stìamu stìate stìanu	stessi stessi stessi stèssimu stèssite stèssinu	sterìa sterìi sterìa sterìamu sterìate sterìanu	sterebbi steresti sterebbe sterèbbemu stereste sterèbbenu
接続法過去	接続法大過去	条件法過去第 1	条件法過去第 2
sìa statu...	fussi statu...	serìa statu...	serebbi statu...
註記			

・過去分詞 statu は esse の過去分詞と同形。
・南部では直説法現在 2 人称単数を sta' とする。このとき後続の交替子音字は弱形で発音される。
・南部の一部では直説法半過去を staghjiu, staghjìi, staghjìa, andaghjìamu, staghjìate, staghjìanu とする。
・接続法現在には stoch- 語幹（stochi, stochi, stochi, stòchimu, stòchite, stòchinu)、接続法半過去には stass- 語幹（stassi, stassi...）もある。

7/ avè (第 2 群不規則活用動詞)

不定法	過去分詞	現在分詞	命令法
avè	avutu	avendu	àbbia àbbiamu àbbiate
直説法現在	直説法半過去	直説法単純過去	直説法単純未来
aghju hai hà avemu (emu) avete (ete) hanu	avia avii avìa avìamu avìate avìanu	ebbi avesti ebbe èbbimu aveste èbbenu	averaghju averai averà averemu averete averanu
直説法複合過去	直説法大過去	直説法前過去	直説法前未来
aghju avutu...	avìa avutu...	ebbi avutu...	averaghju avutu...
接続法現在	接続法半過去	条件法現在第 1	条件法現在第 2
àbbia àbbia àbbia àbbiamu àbbiate àbbianu	avessi avessi avessi avèssimu avèssite avèssinu	averìa averìi (averisti) averìa averìamu averìate (averiste averìanu	averebbi averesti averebbe averèbbemu avereste averèbbenu
接続法過去	接続法大過去	条件法過去第 1	条件法過去第 2
àbbia avutu...	avessi avutu...	averìa avutu...	averebbi avutu...

註記
・南部では直説法現在 2 人称単数を ha' とする。このとき後続の交替子音字は弱形で発音される。 ・接続法現在および命令法の語幹を àppia, àppii, aghja, aghji とすることもある。これらは同じ地域でも混在して用いられている。

- 99 -

8/ parè (第 2 群不規則活用動詞)

不定法	過去分詞	現在分詞	命令法
parè	parsu	parendu	pari
			paremu
			parite
直説法現在	直説法半過去	直説法単純過去	直説法単純未来
pargu	parìa	parìi	pareraghju
pari	parìi	paristi	parerai
pare	parìa	parì	parerà
paremu	parìamu	parìimu	pareremu
parite	parìate	pariste	parerete
pàrenu	parìanu	parinu	pareranu
直説法複合過去	直説法大過去	直説法前過去	直説法前未来
aghju parsu...	avìa parsu...	ebbi parsu...	averaghju parsu...
接続法現在	接続法半過去	条件法現在第 1	条件法現在第 2
pari	parissi	parerìa	parerebbi
pari	parissi	parerìi	pareresti
parì	parissi	parerìa	parerebbe
pàrimu	parìssimu	parerìamu	parerèbbemu
pàrite	parìssite	pareriate	parereste
pàrinu	parìssinu	parerìanu	parerèbbenu
接続法過去	接続法大過去	条件法過去第 1	条件法過去第 2
àbbia parsu...	avessi parsu...	averìa parsu...	averebbi parsu...
註記			
・不定法を pare として、第 4 群不規則活用動詞と扱うこともある。			

- 100 -

9/ pudè (第 2 群不規則活用動詞)

不定法	過去分詞	現在分詞	命令法
pudè	pudutu (pussutu)	pudendu	poi pudemu pudete
直説法現在	直説法半過去	直説法単純過去	直説法単純未来
possu poi pò pudemu pudete ponu	pudìa pudìi pudìa pudìamu pudìate pudìanu	pudìi pudisti pudì pudìimu pudiste pudìnu	puderaghju puderai puderà puderemu puderete puderanu
直説法複合過去	直説法大過去	直説法前過去	直説法前未来
aghju pudutu...	avìa pudutu...	ebbi pudutu...	averaghju pudutu...
接続法現在	接続法半過去	条件法現在第 1	条件法現在第 2
possa possa possa pòssamu pòssate pòssanu	pudessi pudessi pudessi pudèssimu pudèssite pudèssinu	puderìa puderìi puderìa puderìamu puderìate puderìanu	puderebbi puderesti puderebbe puderèbbemu pudereste puderèbbenu
接続法過去	接続法大過去	条件法過去第 1	条件法過去第 2
àbbia pudutu...	avessi pudutu...	averìa pudutu...	averebbi pudutu...
註記			

・不規則な直説法単純過去 pobbu, pudisti, pobbe, pòbbimu, pudiste, pòbbenu もある。

10/ sapè (第 2 群不規則活用動詞)

不定法	過去分詞	現在分詞	命令法
sapè	sapputu	sapendu	sappia sàppiamu sàppiate
直説法現在	直説法半過去	直説法単純過去	直説法単純未来
sò (socu) sai sà sapemu sapete sanu	sapìa sapìi sapìa sapìamu sapìate sapìanu	sappi sapesti sappe sàppimu sapeste sàppenu	saperaghju saperai saperà saperemu saperete saperanu
直説法複合過去	直説法大過去	直説法前過去	直説法前未来
aghju sapputu...	avìa sapputu...	ebbi sapputu...	averaghju sapputu...
接続法現在	接続法半過去	条件法現在第 1	条件法現在第 2
sappia sappia sappia sàppiamu sàppiate sàppianu	sapessi sapessi sapessi sapèssimu sapèssite sapèssinu	saperìa saperìi saperìa saperìamu saperìate saperìanu	saperebbi saperesti saperebbe saperèbbemu sapereste saperèbbenu
接続法過去	接続法大過去	条件法過去第 1	条件法過去第 2
àbbia sapputu...	avessi sapputu...	averìa sapputu...	averebbi sapputu...

註記

・南部では直説法現在 2 人称単数を sa' とする。このとき後続の交替子音字は弱形で発音される。

・北東部では直説法単純過去の語幹を sepp- とする。

11/ vulè (第 2 群不規則活用動詞)

不定法	過去分詞	現在分詞	命令法
vulè	vulsutu	vulendu	voglia vògliamu vògliate
直説法現在	直説法半過去	直説法単純過去	直説法単純未来
vogliu voli vole vulemu vulete vòlenu	vulìa vulìi vulìa vulìamu vulìate vulìanu	volsi vulisti volse vòlsimu vuliste vòlsenu	vuleraghju vulerai vulerà vuleremu vulerete vuleranu
直説法複合過去	直説法大過去	直説法前過去	直説法前未来
aghju vulsutu...	avìa vulsutu...	ebbi vulsutu...	averaghju vulsutu...
接続法現在	接続法半過去	条件法現在第 1	条件法現在第 2
voglia voglia voglia vògliamu vògliate vòglianu	vulessi vulessi vulessi vulèssimu vulèssite vulèssinu	vulerìa vulerìi vulerìa vulerìamu vulerìate vulerìanu	vulerebbi vuleresti vulerebbe vulerèbbemu vulereste vulerèbbenu
接続法過去	接続法大過去	条件法過去第 1	条件法過去第 2
àbbia vulsutu...	avessi vulsutu...	averìa vulsutu...	averebbi vulsutu...
註記			

・極南部では直説法現在 1 人称単数を voddu とする。

・直説法単純未来を vurraghju, vurrè, vurrà, vurremu, vurrete, vurranu とすることもある。

- 103 -

12/ finì (finisce) (第 3 群規則活用動詞 (イシンク動詞))

不定法	過去分詞	現在分詞	命令法
finì (finisce)	finitu	finiscendu	finisci finimu finite
直説法現在	直説法半過去	直説法単純過去	直説法単純未来
finiscu finisci finisce finimu finite finìscenu	finìa finìi finìa finìamu finìate finìanu	finìi finisti finì finìimu finiste fininu	finisceraghju finiscerai finiscerà finisceremu finiscerete finisceranu
直説法複合過去	直説法大過去	直説法前過去	直説法前未来
aghju finitu...	avìa finitu...	ebbi finitu...	averaghju finitu...
接続法現在	接続法半過去	条件法現在第 1	条件法現在第 2
finisca finisca finisca finìscamu finìscate finìscanu	finissi finissi finissi finìssimu finìssite finìssinu	finiscerìa finiscerìi finiscerìa finiscerìamu finiscerìate finiscerìanu	finiscerebbi finisceresti finiscerebbe finiscerèbbemu finiscereste finiscerèbbenu
接続法過去	接続法大過去	条件法過去第 1	条件法過去第 2
àbbia finitu...	avessi finitu...	averìa finitu...	averebbi finitu...

註記
・南部では -isc- を入れる不定法は finiscia となる。 ・南部では直説法現在 1 人称単数でも -isc- を入れ、finìscenu とする。 ・南部では直説法半過去で -isc- を入れ、finiscìu (-ia), finiscìi, finiscìa, finiscìamu, finiscìate, finiscìanu とする。 ・南部では接続法半過去で -isc- を入れ、finiscissi, finiscissi, finiscissi, finiscìssimu finiscìssite, finiscìssinu とする。

- 104 -

13/ dì (第 3 群不規則活用動詞)

不定法	過去分詞	現在分詞	命令法
dì	dettu	dicendu	dì dimu dite

直説法現在	直説法半過去	直説法単純過去	直説法単純未来
dicu	dicìa	dissi	diceraghju
dici	dicìi	dicisti	dicerai
dice	dicìa	disse	dicerà
dimu	dicìamu	dìssimu	diceremu
dite	dicìate	diciste	dicerete
dìcenu	dicìanu	dìssenu	diceranu

直説法複合過去	直説法大過去	直説法前過去	直説法前未来
aghju dettu...	avìa dettu...	ebbi dettu...	averaghju dettu...

接続法現在	接続法半過去	条件法現在第 1	条件法現在第 2
dica	dicissi	dicerìa	dicerebbi
dica	dicissi	dicerìi	diceresti
dica	dicissi	dicerìa	dicerebbe
dìcamu	dicìssimu	dicerìamu	dicerèbbemu
dìcate	dicìssite	dicerìate	dicereste
dìcanu	dicìssinu	dicerìanu	dicerèbbenu

接続法過去	接続法大過去	条件法過去第 1	条件法過去第 2
àbbia dettu...	avessi dettu...	averìa dettu...	averebbi dettu...

註記
・南部では直接法現在 1 人称複数を dicemu とする。

- 105 -

14/ crede (第 4 群 (語根強勢) 規則活用動詞 (crede 型))

不定法	過去分詞	現在分詞	命令法
crede	cridutu	cridendu	credi cridemu cridete
直説法現在	直説法半過去	直説法単純過去	直説法単純未来
credu credi crede cridemu cridete crèdenu	cridìa cridìi cridìa cridìamu cridìate cridìanu	cridìi cridisti cridì cridìimu cridiste cridinu	crideraghju criderai criderà crideremu criderete crideranu
直説法複合過去	直説法大過去	直説法前過去	直説法前未来
aghju cridutu...	avìa cridutu...	ebbi cridutu...	averaghju cridutu...
接続法現在	接続法半過去	条件法現在第 1	条件法現在第 2
credi credi credi crèdimu crèdite crèdinu	cridissi cridissi cridissi cridìssimu cridìssite cridìssinu	criderìa criderìi criderìa criderìamu criderìate criderìanu	criderebbi crideresti criderebbe criderèbbemu cridereste criderèbbenu
接続法過去	接続法大過去	条件法過去第 1	条件法過去第 2
àbbia cridutu...	avessi cridutu...	averìa cridutu...	averebbi cridutu...

註記

・crede 型のおもな動詞：accunsente, batte, empie, parte など
・南部では不定法を creda とする。

15/ dorme (第 4 群 (語根強勢) 規則活用動詞 (dorme 型))

不定法	過去分詞	現在分詞	命令法
dorme	durmitu	durmendu	dormi
			durmemu
			durmite
直説法現在	直説法半過去	直説法単純過去	直説法単純未来
dormu	durmìa	durmìi	durmeraghju
dormi	durmìi	durmisti	durmerai
dorme	durmìa	durmì	durmerà
durmemu	durmìamu	durmìimu	durmeremu
durmite	durmìate	durmiste	durmerete
dòrmenu	durmìanu	durminu	durmeranu
直説法複合過去	直説法大過去	直説法前過去	直説法前未来
aghju durmitu...	avìa durmitu...	ebbi durmitu...	averaghju durmitu...
接続法現在	接続法半過去	条件法現在第 1	条件法現在第 2
dormi	durmissi	durmerìa	durmerebbi
dormi	durmissi	durmerìi	durmeresti
dormi	durmissi	durmerìa	durmerebbe
dòrmimu	durmìssimu	durmerìamu	durmerèbbemu
dòrmite	durmìssite	durmerìate	durmereste
dòrminu	durmìssinu	durmerìanu	durmerèbbenu
接続法過去	接続法大過去	条件法過去第 1	条件法過去第 2
àbbia durmitu...	avessi durmitu...	averìa durmitu...	averebbi durmitu...
註記			

・dorme 型のおもな動詞：arruste, bolle, cosge, fughje など
・南部では不定法を dorma とする。

- 107 -

16/ esse (第 4 群（語根強勢）不規則活用動詞)

不定法	過去分詞	現在分詞	命令法
esse	statu	essendu (issendu)	sìa (sìe) sìamu sìate (sìete)
直説法現在	直説法半過去	直説法単純過去	直説法単純未来
sò (socu) sì (sè) hè simu site (sete) sò	era eri era èramu èrate èranu	fui fusti fù fùimu fuste funu	seraghju serai serà seremu serete seranu
直説法複合過去	直説法大過去	直説法前過去	直説法前未来
sò statu...	era statu ...	fui statu...	seraghju statu...
接続法現在	接続法半過去	条件法現在第 1	条件法現在第 2
sìa sìa (sìe) sìa sìamu sìate sìanu (sìenu)	fussi fussi (fusse) fussi (fusse) fùssimu fùssite (fùssete) fùssinu	serìa (serìu) serìi serìa serìamu serìate serìanu	serebbi seresti serebbe serèbbemu sereste serèbbenu
接続法過去	接続法大過去	条件法過去第 1	条件法過去第 2
sìa statu...	fussi statu...	serìa statu...	serebbi statu...
註記			

・過去分詞 statu は stà の過去分詞と同形。
・南部では不定法を essa とする。
・南部では直説法現在を socu, sè, hè, semu, sete, sò とする。
・北東部では直説法半過去に ghjeru, ghjeri, ghjera, ghjèramu, ghjèrate, ghjèranu という形もある。

17/ mette (第 4 群（語根強勢）不規則活用動詞)

不定法	過去分詞	現在分詞	命令法
mette	messu	mittendu	metti mittemu mittite
直説法現在	直説法半過去	直説法単純過去	直説法単純未来
mettu metti mette mittemu mittite mèttenu	mittìa mittìi mittìa mittìamu mittìate mittìanu	messi mittisti messe mèssimu mittiste mèssenu	mitteraghju mitterai mitterà mitteremu mitterete mitteranu
直説法複合過去	直説法大過去	直説法前過去	直説法前未来
aghju messu...	avìa messu...	ebbi messu...	averaghju messu...
接続法現在	接続法半過去	条件法現在第 1	条件法現在第 2
metti metti metti mèttimu mèttite mèttinu	mittissi mittissi mittissi mittìssimu mittìssite mittìssinu	mitterìa mitterìi mitterìa mitterìamu mitterìate mitterìanu	mitterebbi mitteresti mitterebbe mitterèbbemu mittereste mitterèbbenu
接続法過去	接続法大過去	条件法過去第 1	条件法過去第 2
àbbia messu...	avessi messu...	averìa messu...	averebbi messu...
註記			
・南部では不定法を metta とする。 ・単純過去は規則活用もある：mitìi, mittisti, mittì, mittimu, mittiste, mittinu.			

- 109 -

18/ pone (第 4 群 (語根強勢) 不規則活用動詞)

不定法	過去分詞	現在分詞	命令法
pone	postu	punendu	poni punemu punite
直説法現在	直説法半過去	直説法単純過去	直説法単純未来
pongu poni pone punemu punite pònenu	punìa punìi punìa punìamu punìate punìanu	posi punisti pose pòsimu puniste pòsenu	puneraghju punerai punerà puneremu punerete puneranu
直説法複合過去	直説法大過去	直説法前過去	直説法前未来
aghju postu...	avìa postu...	ebbi postu...	averaghju postu...
接続法現在	接続法半過去	条件法現在第 1	条件法現在第 2
ponghi ponghi ponghi pònghimu pònghite pònghinu	punissi punissi punissi punìssimu punìssite punìssinu	punerìa punerìi punerìa punerìamu punerìate punerìanu	punerebbi puneresti punerebbe punerèbbemu punereste punerèbbenu
接続法過去	接続法大過去	条件法過去第 1	条件法過去第 2
àbbia postu...	avessi postu...	averìa postu...	averebbi postu...
註記			
・同様の活用をする動詞：more。ただし複合時制の助動詞は esse。 ・南部では不定法を pona とする。			

- 110 -

19/ vede (第 4 群 (語根強勢) 不規則活用動詞)

不定法	過去分詞	現在分詞	命令法
vede	vistu	videndu	vedi videmu vidite
直説法現在	直説法半過去	直説法単純過去	直説法単純未来
vecu vedi vede videmu vidite vèdenu	vidìa vidìi vidìa vidìamu vidìate vidìanu	vidìi vidisti vidì vidìimu vidiste vidinu	videraghju viderai viderà videremu viderete videranu
直説法複合過去	直説法大過去	直説法前過去	直説法前未来
aghju vistu...	avìa vistu...	ebbi vistu...	averaghju vistu...
接続法現在	接続法半過去	条件法現在第 1	条件法現在第 2
vechi vechi vechi vèchimu vèchite vèchinu	vidissi vidissi vidissi vidìssimu vidìssite vidìssinu	viderìa viderìi viderìa viderìamu viderìate viderìanu	viderebbi videresti viderebbe viderèbbemu videreste viderèbbenu
接続法過去	接続法大過去	条件法過去第 1	条件法過去第 2
àbbia vistu...	avessi vistu...	averìa vistu...	averebbi vistu...
註記			

・南部では不定法を veda とする。

・直説法単純過去にさらに不規則な形、vissi, vidisti, visse, vìdemu, vidiste, vìdenu もある。

20/ vene (第 4 群 (語根強勢) 不規則活用動詞)

不定法	過去分詞	現在分詞	命令法
vene	vinutu	vinendu	veni vinimu vinite
直説法現在	直説法半過去	直説法単純過去	直説法単純未来
vengu veni vene vinimu vinite vènenu	vinìa vinìi vinì vinìamu vinìate vinìanu	vensi venisti vense vènsimu veniste vènsenu	vineraghju vinerai vinerà vineremu vinerete vineranu
直説法複合過去	直説法大過去	直説法前過去	直説法前未来
sò vinutu...	era vinutu...	fui vinutu...	seraghju vinutu...
接続法現在	接続法半過去	条件法現在第 1	条件法現在第 2
veni veni veni vènimu vènite vèninu	vinessi vinessi vinessi vinèssimu vinèssite vinèssinu	vinerìa vinerìi vinerìa vinerìamu vinerìate vinerìanu	vinerebbi vineresti vinerebbe vinerèbbemu vinereste vinerèbbenu
接続法過去	接続法大過去	条件法過去第 1	条件法過去第 2
sìa vinutu...	fussi vinutu...	serìa vinutu...	serebbi vinutu...

註記

・南部では不定法を vena とする。
・直説法単純過去には規則活用もある：vinìi, vinisti, vinì, vinimu, viniste, vininu.
さらに、イタリア語風の活用もある：venni, venisti, venne, venimmu, veniste, vennenu

- 112 -

XXIV. 文献案内

以下では、なるべく入手しやすい文献を中心として、重要な文献を紹介する。

＜日本語文献＞

[1] 菅田茂昭 (2014)：『コルシカ語基礎語彙集』大学書林.
本書執筆時点では、コルシカ語そのものについて日本語で書かれた唯一の書物。

[2] 長谷川秀樹 (2002)：『コルシカの形成と変容』三元社.

[3] ジャニーヌ・レヌッチ (1999)：『コルシカ島』白水社クセジュ文庫.
[2] [3] で、コルシカの歴史、社会、文化について知ることができる。コルシカ語についても少しふれられている。

＜辞典＞

[4] Culioli, Antoine Louis *et alii* (2010) : *u Minò : Petit dictionnaire français-corse, corsu-francese*, DCL. 仏科・科仏小辞典。

[5] Culioli, Antoine Louis *et alii* (2009) : *u Maiò : Dictionnaire français-corse*, DCL. 仏科大辞典。

[6] Culioli, Antoine Louis *et alii* (2012) : *u Maiori : Dizziunàriu corsu-francese*, DCL. 科仏大辞典。

[7] Sicurani, Joseph (2013) : *Dizziunariu Corsu-Francese*, Bord de l'Eau.
科仏大辞典。

[8] Thiers, Ghjacumu *et alii* (1984 / 2014) : *u Muntese : Dizziunariu corsu-francese*, Albiana. 科仏大辞典。
学習者には、強勢位置を網羅的に示している [4]～[7] がよい。

[9] *INFCOR. Banca di dati di a lingua corsa.* (http://infcor.adecec.net/)
不可欠のオンライン辞典。強勢位置だけでなく、母音 e, o の広狭も示す。コルシカ語での語釈、仏訳、英訳、伊訳、語源、変異形、類義語、反義語、例文、引用句などがあり、たいへん充実している。

＜学習書＞

[10] Chiorboli, Jean (2010) : *Le corse pour les nuls*, First Editions.
やさしい語りくちで、興味をひきながらコルシカ語にいざなう入門書。

[11] Dalbera-Stefanaggi, Maire-José (2002) : *La langue corse*, P.U.F.
Que sais-je? 文庫第 3641 巻。コルシカ語の概要を解説している。

[12] Fusina, Jacques (1999) : *Parlons corse*, L'Harmattan.
作家でもあるコルシカ語の第一人者による総合的入門書。

[13] Gaggioli, Ghjaseppiu (2012) : *La langue corse en 23 lettres*, Albiana.
多くの疑問が解決する、画期的なコルシカ語文法事典。

[14] *InterRomania.* (http://www.interromania.com/)
コルシカ大学作成の詳細なコルシカ語講座 (Imparà u corsu)。

[15] Marchelli, Pascal (1974) : *Le corse sans peine,* Assimil.
たいへん情報量が多く、じっくり学ぶにあたいする入門書。別売りの
CD (*U corsu senza straziu*) は演劇のような浩浩たる朗読で、必聴。

[16] Perfettini, François Marie (2003) : *Le corse : méthode de langue,* DCL.
CD 3 枚つき。コルシカ語のみで類例を多数回くりかえして学ぶ方式。

[17] Talamoni, Jean-Guy (2008) : *Antulugia bislingua di a literatura corsa,* DCL.
コルシカ語文学選集。全文がフランス語との対訳になっている。

＜研究書＞

[18] Blanchet, Philippe *et alii* (editori) (1999) : *Les langues régionales en France*,
Peeters.　　コルシカ語をふくむ、フランスの地域言語に関する論文集。

[19] Colonna, Romain (2015) : *Cuufficialità. 50 argumenti in giru à a ricunni-scienza di u corsu*, Albiana.　　併用公用語制を推奨する 50 の論拠を解説。

[20] Dalbera-Stefanaggi, Marie-José (1978) : *Langue corse : une approche linguistique,* Klincksieck.　　音声学、音韻論、通時論、方言を概観。

[21] Dalbera-Stefanaggi, Marie-José (2001) : *Essais de linguistique corse*, Alain Piazzola.　　多岐にわたるテーマで書かれたコルシカ語学の論文集。

[22] Dalbera-Stefanaggi, Marie-José (2015) : *Unité et diversité des parlers corses,* Alain Piazzola.　　博士論文を出版したもの。初版は Edizione dell'Orso か

ら1991年に出ていた。640ページにわたる詳細なコルシカ語の記述。

[23] Dalbera-Stefanaggi, Marie-José & Muriel Poli (2007-2009) : *Nouvel atlas linguistique de la Corse*, 3 vols, Les éditions du CTHS.　最新の言語地図。

[24] Marchelli, Pascal & Geronimi, Dominique Antoine (1971) : *Intricciate è cambiarine,* Beaulieu.　コルシカ語のつづり字の規範を決定づけた一冊。

[25] Melillo, Armistizio Matteo (1977) : *Profilo dei dialetti italiani*, vol. 21, *Corsica*, Pacini.　音声・音韻的特徴を中心とする諸方言の詳細な記述。付属の音声資料が33回転のレコードなので、ターンテーブルが必要。

[26] 季刊誌 *Langage & société,* n° 112 (2005), Maison des sciences de l'homme. コルシカ語の社会言語学特集。当該テーマで6本の論文を掲載。

＜その他＞

[27] *France 3 Corse* (http://france3-regions.francetvinfo.fr/corse/)
Corsica Prima (正午のニュース) のコルシカ語版がネットで視聴できる。

[28] *Alta Frequenza* (http://www.alta-frequenza.corsica/)

[29] *Radio Corsica ― Frequenza Mora* (https://www.francebleu.fr/rcfm)
[28] [29] はラジオ局。コルシカ語の放送をネットで聴取できる。

▲写真：バスティーアの旧港 (手前) と新港 (奥) (著者撮影)

▲コルシカ語で書かれたポスター（著者撮影）

▲バスティーアの街路名の2言語での表示（翻訳的関係にはない）（著者撮影）

コルシカ語基本文法

著 者

©

_{わたなべ じゅんや}
渡 邊 淳 也

2017 年 9 月 24 日　　初版発行

発行者　山 崎　雅 昭
印刷所　音羽印刷株式会社
製本所　壺屋製本株式会社

有限会社　早美出版社
161-0042 東京都新宿区早稲田町 80 番地
TEL. 03(3203)7251　　FAX. 03(3203)7417
振替 00160-3-100140
http://www.sobi-shuppansha.com

ISBN 978-4-86042-088-8　C3087　¥2000E

乱丁、落丁はお取り替えいたします。
定価はカバーに表示してあります。